プリント形式のリアル過去問で本番の臨場感！

東京都 都立

三鷹中等教育学校

2025年春 受験用 解答集

本書は，実物をなるべくそのままに，プリント形式で年度ごとに収録しています。
問題用紙を教科別に分けて使うことができるので，本番さながらの演習ができます。

■ 収録内容

・解答集（この冊子です）

書籍ＩＤ番号，この問題集の使い方，最新年度実物データ，リアル過去問の活用，
解答例と解説，ご使用にあたってのお願い・ご注意，お問い合わせ

・2024（令和６）年度 ～ 2019（平成31）年度　学力検査問題

JN132508

○は収録あり

年度	'24	'23	'22	'21	'20	'19
■ 問題(適性検査Ⅰ・Ⅱ)	○	○	○	○	○	○
■ 解答用紙	○	○	○	○	○	○
■ 配点	○	○	○	○	○	○

全分野に解説があります

注)問題文等非掲載:2024年度適性検査Ⅰの1,2022年度適性検査Ⅱの2

問題文などの非掲載につきまして

著作権上の都合により，本書に収録している過去入試問題の本文や図表の一部を掲載しておりません。ご不便をおかけし，誠に申し訳ございません。

教英出版

■　書籍ＩＤ番号

入試に役立つダウンロード付録や学校情報などを随時更新して掲載しています。
教英出版ウェブサイトの「ご購入者様のページ」画面で，書籍ＩＤ番号を入力してご利用ください。

書籍ＩＤ番号　110213

（有効期限：2025年9月30日まで）

【入試に役立つダウンロード付録】
「要点のまとめ(国語／算数)」
「課題作文演習」ほか

■　この問題集の使い方

年度ごとにプリント形式で収録しています。針を外して教科ごとに分けて使用します。①片側，②中央のどちらかでとじてありますので，下図を参考に，問題用紙と解答用紙に分けて準備をしましょう（解答用紙がない場合もあります）。

針を外すときは，けがをしないように十分注意してください。また，針を外すと紛失しやすくなりますので気をつけましょう。

① 片側でとじてあるもの　　② 中央でとじてあるもの

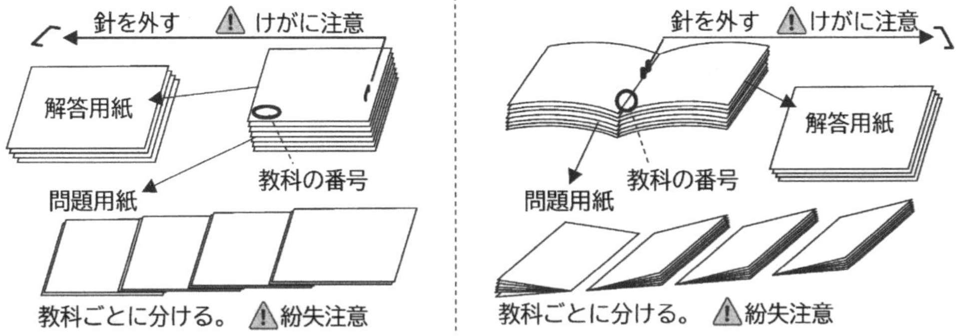

※教科数が上図と異なる場合があります。
解答用紙がない場合や，問題と一体になっている場合があります。
教科の番号は，教科ごとに分けるときの参考にしてください。

■　最新年度 実物データ

実物をなるべくそのままに編集していますが，収録の都合上，実際の試験問題とは異なる場合があります。実物のサイズ，様式は右表で確認してください。

問題用紙	Ａ４冊子(二つ折り)
解答用紙	Ａ３プリント

リアル過去問の活用

～リアル過去問なら入試本番で力を発揮することができる～

本番を体験しよう！

問題用紙の形式（縦向き / 横向き），問題の配置や余白など，実物に近い紙面構成なので本番の臨場感が味わえます。まずはパラパラとめくって眺めてみてください。「これが志望校の入試問題なんだ！」と思えば入試に向けて気持ちが高まることでしょう。

入試を知ろう！

同じ教科の過去数年分の問題紙面を並べて，見比べてみましょう。

① 問題の量

毎年同じ大問数か，年によって違うのか，また全体の問題量はどのくらいか知っておきましょう。どのくらいのスピードで解けば時間内に終わるのか，大問ひとつにかけられる時間を計算してみましょう。

② 出題分野

よく出題されている分野とそうでない分野を見つけましょう。同じような問題が過去にも出題されていることに気がつくはずです。

③ 出題順序

得意な分野が毎年同じ大問番号で出題されていると分かれば，本番で取りこぼさないように先回りして解答することができるでしょう。

④ 解答方法

記述式か選択式か（マークシートか），見ておきましょう。記述式なら，単位まで書く必要があるかどうか，文字数はどのくらいかなど，細かいところまでチェックしておきましょう。計算過程を書く必要があるかどうかも重要です。

⑤ 問題の難易度

必ず正解したい基本問題，条件や指示の読み間違いといったケアレスミスに気をつけたい問題，後回しにしたほうがいい問題などをチェックしておきましょう。

問題を解こう！

志望校の入試傾向をつかんだら，問題を何度も解いていきましょう。ほかにも問題文の独特な言いまわしや，その学校独自の答え方を発見できることもあるでしょう。オリンピックや環境問題など，話題になった出来事を毎年出題する学校だと分かれば，日頃のニュースの見かたも変わってきます。

こうして志望校の入試傾向を知り対策を立てることこそが，過去問を解く最大の理由なのです。

実力を知ろう！

過去問を解くにあたって，得点はそれほど重要ではありません。大切なのは，志望校の過去問演習を通して，苦手な教科，苦手な分野を知ることです。苦手な教科，分野が分かったら，教科書や参考書に戻って重点的に学習する時間をつくりましょう。今の自分の実力を知れば，入試本番までの勉強の道すじが見えてきます。

試験に慣れよう！

入試では時間配分も重要です。本番で時間が足りなくなってあわてないように，リアル過去問で実戦演習をして，時間配分や出題パターンに慣れておきましょう。教科ごとに気持ちを切り替える練習もしておきましょう。

心を整えよう！

入試は誰でも緊張するものです。入試前日になったら，演習をやり尽くしたリアル過去問の表紙を眺めてみましょう。問題の内容を見る必要はもうありません。どんな形式だったかな？受験番号や氏名はどこに書くのかな？…ほんの少し見ておくだけでも，志望校の入試に向けて心の準備が整うことでしょう。

そして入試本番では，見慣れた問題紙面が緊張した心を落ち着かせてくれるはずです。

※まれに入試形式を変更する学校もありますが，条件はほかの受験生も同じです。心を整えてあせらずに問題に取りかかりましょう。

三鷹中等教育学校　2024 令和6 年度　適性検査Ⅰ

《解答例》

1　〔問題1〕実際の風を感じて、自分の感覚をもとに「風」について自分なりに考えて表現したから。

〔問題2〕あずきがこうじの力を借りてあまさやうまみが増して美味しいあんこになるように、人間も自分の特性をいかせば、自信となって生きていける

〔問題3〕〈作文のポイント〉

・最初に自分の主張、立場を明確に決め、その内容に沿って書いていく。

・わかりやすい表現を心がける。自信のない表現や漢字は使わない。

さらにくわしい作文の書き方・作文例はこちら！→

https://kyoei-syuppan.net/mobile/files/sakupo.html

《解　説》

1　〔問題1〕　遠田《とおだ》が窓を開けると，「一陣《いちじん》の風が吹《ふ》き抜《ぬ》け～生徒たちの手もとの半紙を，さわさわと揺《ゆ》らした」。この風を感じた生徒たちは，「ぬるかった」「けっこう涼《すず》しかったよ」とそれぞれの感想を持ち，遠田は「じゃ，いま感じたことを思《おも》い浮《う》かべながら，もう一度『風』って書いてみな」と伝えた。この後，生徒たちの書いた「風」を見た「俺《おれ》」は，「それぞれが感じた夏の風が，思い思いの形で文字にこめられていた」と感じた。以上の流れから，実際の風を感じて表現したからだという内容をまとめればよい。

〔問題2〕　著作権上の都合により文章を掲載《けいさい》しておりませんので，解説も掲載しておりません。ご不便をおかけし，誠に申し訳ございません。

《解答例》

1　〔問題１〕右図

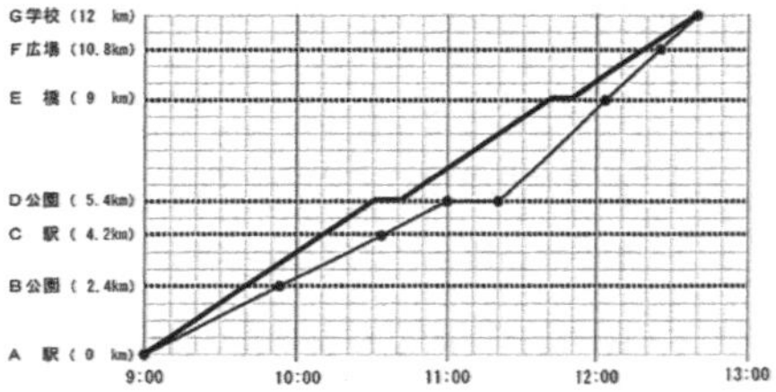

〔問題２〕できない　説明…切り取った折り紙をすべてつなげたときの長さは，(15－0.5)×８×16＋0.5＝1856.5(cm)　　メダルを100個作るために必要な長さは，(６×3.14＋0.5)×100＝1934(cm)　したがって，切り取った折り紙をすべてつなげたときの長さより，メダルを100個作るために必要な長さのほうが長いから，16まいの折り紙ではメダルを100個作ることはできない。

〔問題３〕右表　あなたが選ぶ決め方…みつこさんの案

理由…他のチームの結果に関わらず，自分たちのチームの得点が決まるから。

表1

	企画1 得点	企画2 得点	企画3 得点	得点の合計	総合順位
Aチーム	1	4	5	10	2 位
Bチーム	4	5	0	9	3 位
Cチーム	3	4	4	11	1 位

表2

	企画1 1時間あたりに進んだ道のり	得点	企画2 クイズの正答数	得点	企画3 見つけた鳥の種類の数	得点	得点の合計	総合順位
Aチーム	3.2 km	0.8	8問	0.8	8種類	1	2.6	1 位
Bチーム	4 km	1	10問	1	0種類	0	2	3 位
Cチーム	3.6 km	0.9	7問	0.7	4種類	0.5	2.1	2 位

2　〔問題１〕AからC／航空機と鉄道の利用わり合は，AからBはほぼ同じであるのに対して，AからCは航空機の方が高い。その理由としては，AからCの航空機と鉄道の料金は，ほぼ変わらないが，航空機の所要時間が約半分だからと考えられる。　　〔問題２〕「ふれあいタクシー」の取り組みが必要になった理由…人口が減少し，路線バスの本数が減少したE町が，移動することにこまっている人を対象とした交通手だんを用意するため。

「ふれあいタクシー」導入の効果…75 さい以上の人の多くが，利用者証を得て，「ふれあいタクシー」を利用して買い物や病院へ行くことができるようになった。

3　〔問題１〕750ｇの金属をのせて調べたときも 1000ｇの金属をのせて調べたときも，おもりの数は手順６の板のときが最大であった。そして，手順６の板のみぞの方向に対して糸の引く方向はすい直であり，キャップのみぞの方向に対して手で回す方向もすい直であるから。　　〔問題２〕組み合わせ…２号と５号　理由…実験２では同じでなかった条件のうち実験３では同じにした条件は，重さである。１号と３号のすべり下りる時間が同じなのに，１号と６号のすべり下りる時間は同じではなかった。だから，すべり下りる時間が同じになるのは，一番下の板の素材が同じ場合だと考えられるから。

《解　説》

1　**〔問題１〕**　休憩時間は合計で20分間だから，歩いている時間は(12時40分－９時)－20分＝３時間20分＝200分である。よって，歩く速さを，12×1000÷200＝60より，分速60ｍとすればよい。休憩場所については，B公園，C駅，D公園，E橋，F広場のうち，２つを決めて10分ずつ休憩する。休憩中は進まないので，水平なグラフになる。解答例では，D公園とE橋で休憩をしているが，条件に合えば他のグラフでもよい。

〔問題２〕　切り取った折り紙を全部つなげたときの長さと，メダルを100個作るために必要な折り紙の長さを計算し，比べる。重なる部分を0.5㎝として，切り取った折り紙をつなげていくと右図のようになり，長さが14.5㎝の紙を８×16(枚)つなげたときよりも，重なり１つ分の長さの0.5㎝だけ長くなる。また，メダルを１個作るのに必要な折り紙の長さは，メダルの円周の長さよりも，重なり１

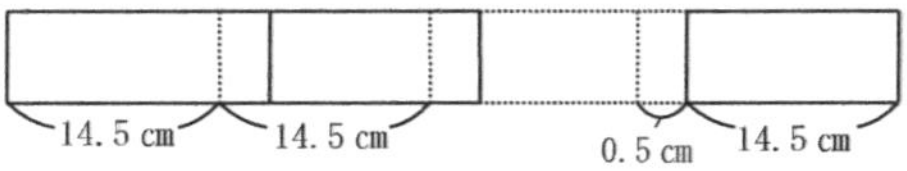

つ分の長さの0.5㎝だけ長くなる。

〔問題３〕　企画１について，みつこさんの案では，Ａチームが３時間45分＝225分だから１点，Ｂチームが３時間＝180分だから４点，Ｃチームが３時間20分＝200分だから３点である。たかおさんの案では，１時間あたりに進んだ道のりは，Ａチームが $12\div 3\frac{45}{60}=3.2$(km)，Ｂチームが $12\div 3=4$(km)，Ｃチームが $12\div 3\frac{20}{60}=3.6$(km)である。よって，Ｂチームの得点を１点とすると，Ａチームの得点が $3.2\div 4=0.8$(点)，Ｃチームの得点が $3.6\div 4=0.9$(点)となる。他の企画についても同様に得点を求めていくと，解答例のようになる。

総合順位の決め方を選んだ理由については，解答例以外にも資料から読み取れる解答であればよい。例えば，昨年の決め方は，順位を決めるための計算が少なく，だれにでもわかりやすいこと，たかおさんの案は，どの企画についても取り組んだ結果がそのまま点数につながること，等を選んだ理由とすればよい。

２　〔問題１〕　ＡからＤを選んだ場合の解答は，「航空機と鉄道の利用わり合は，ＡからＢはほぼ同じであるのに対して，ＡからＤは鉄道の方が高い。その理由としては，ＡからＤの航空機と鉄道の所要時間は，ほぼ変わらないが，鉄道の料金が航空機の料金の約３分の２だからと考えられる。」となる。移動手段を考える場合，所要時間と料金のどちらを重視するかで選択が変わってくる。所要時間が同じなら料金の安い方，料金が同じなら所要時間の短い方を選択するのが，一般的な消費者の行動と言える。数値が比較しにくいときは，(料金)÷(所要時間)から，単位時間あたりの料金を求めるか，(所要時間)÷(料金)から，単位料金あたりの所要時間を求めるかして比べてみればよい。

〔問題２〕　表２からＥ町における路線バスの平日一日あたりの運行本数が減っていることを読み取り，図２からＥ町の人口が減っていることを読み取る。次に，路線バスの運行本数が減って困る人がどのような人かを，図３から読み取る。そうすれば「ふれあいタクシー」の取り組みが必要になった理由を考えることができる。また，表３から，利用者証新規交付数が減少するなか，利用者証累計交付数が，Ｅ町の75歳以上の人口の数値に近づいていて，75歳以上の人の多くが利用者証の交付を受けていることを読み取る。

３　〔問題１〕　手でつかむ力が大きいときを1000ｇの金属をのせたとき，手でつかむ力が小さいときを750ｇの金属をのせたときとして考える。また，結果では，プラスチックの板が動いたときのおもりの数が多いほど，すべりにくいと考えればよい。なお，実験でプラスチックの板が動くときが，キャップが開くときではない。

〔問題２〕　組み合わせについては，解答例の他に「４号と６号」でもよい。このときの理由は，「２号と５号」のときと同じで，実験３では重さを同じにしたこと，一番下の板の素材が同じであればすべり下りる時間が同じになると考えられることについてまとめてあればよい。

三鷹中等教育学校　2023 令和5年度　適性検査Ⅰ

《解答例》

1　〔問題1〕頭の中で想像してみること。　〔問題2〕この世に一つしかない、かけがえのないそん在であるという点。

〔問題3〕(例文)

この地球の全ての存在が、「いること」こそがなににもましてすばらしい状態になった場合、かん境破かいの少ない社会になると考えられる。なぜなら、全ての存在が「いること」が尊重されるのであれば、生物の生存をおびやかすことにつながる開発や生産活動が行われなくなったり、地球温暖化を食い止めようとしたりするはずだからだ。私は、そのような社会が持続、発展していくために、まずは身近なところから行動を起こしていきたい。たとえば、使っていない部屋の電気を消したり、エアコンの設定温度を見直したりして、電気のむだづかいをしないようにしたい。また、レジぶくろを買わないですむように、マイバッグをいつも持ち歩くようにしたい。そして、大人になったら、食品のこう入や調理のしかたに気を付けて食品ロスを減らしたり、家電製品を買う際に、エネルギー効率の高いものを選んだりするといった工夫をしていきたい。

《解　説》

1　〔問題1〕　目で見ると,「宇宙からは，白い雲の下のこまかい様子まではわからないかもしれ」ない。しかし，心の目で見ると,「そこにはかたい地面があって，あたたかい光があって～無数の命が暮《く》らしていること」がわかる。つまり,「心の目で見る」とは，想像してみることである。

〔問題2〕　詩にあるように,「ぼくが　ここに　いるとき　ほかの　どんなものも　ぼくに　かさなって　ここに　いることは　できない」。それは，ゾウもマメも同じである。そして,「どんなものが　どんなところに　いるときにも　その『いること』こそが　なににも　まして　すばらしいこと　として」「このちきゅうの　うえでは」「だいじに　まもられている」。つまり，ぼく，ゾウ，マメは，代わりのいない，この世に一つしかないかけがえのないそん在なのである。また，ジェームズ・アーウィン氏は，地球について,「非常にもろくてこわれやすく」「美しく，暖《あたた》かく，そして生きている」と言い,「まるで生き物のようにも感じた」という。つまり，地球もまた，他の生物と同じように代わりのいないかけがえのないそん在なのである。

三鷹中等教育学校　2023 令和5年度　適性検査Ⅱ

《解答例》

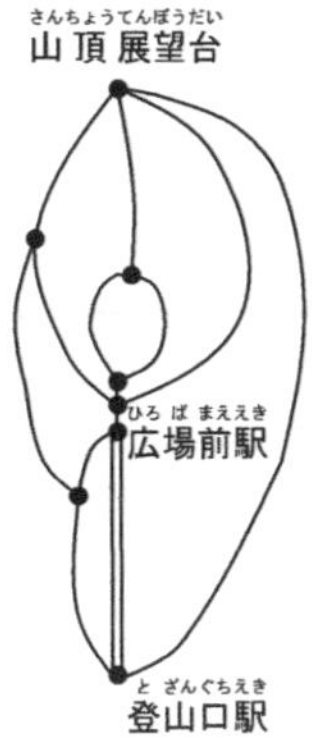

1　〔問題1〕右図

〔問題2〕かかる時間は…4.8　説明…かっ車の周りの長さは，$4\times3.14=12.56$(m)

ケーブルカーは942m進むのでその間のかっ車の回転数は$942\div12.56=75$(回)

すなわち，かっ車は6分=360秒で75回転する。したがって，かっ車が1回転するのにかかる時間は$360\div75=4.8$(秒)

〔問題3〕①選んだ乗り物…ケーブルカー　並んでいる人が…269　説明…38分間では，ケーブルカーは15分後と30分後の2回出発する。2回の運行で下山できる乗客の人数は$135\times2=270$(人)　これに自分がふくまれるから，$270-1=269$(人)

〔別解〕選んだ乗り物…リフト　並んでいる人が…361　説明…リフトは$12\times2=24$(分)で1周するので，等間かくで駅に着くとすると，$24\times60\div168=\frac{60}{7}$(秒)ごとに2人ずつ乗ることになる。リフトは広場前駅から登山口駅まで12分かかるので，待ち時間が$38-12=26$(分)以内なら徒歩より早く着く。よって，$26\times60\div\frac{60}{7}=182$より，26分後にちょうど182台目が出発するので，181台目までに乗れればよいから，並んでいる人数が$181\times2-1=361$(人)以下なら徒歩より早く着く。

②あなたが選ぶ方法…徒歩　理由…並んでいる人が300人のとき，$300\div135=2$あまり30であるから，ケーブルカーに乗ると，$15\times3+6=51$(分)かかる。よって，徒歩の方が早く着く。さらに料金がかからないことを考えると，徒歩の方がよいと思ったから。

〔別解〕あなたが選ぶ方法…①で選んだ乗り物　理由…並んでいる人が300人のとき，$300\div2+1=151$(台目)のリフトに乗るから，$\frac{60}{7}\div60\times151+12=33\frac{4}{7}$(分)で登山口駅に着くので徒歩より早い。また，景色を見ながら座って移動できるので，リフトの方がよいと思ったから。

2　〔問題1〕第2次産業／しゅう業数者は，1960年と比べて1990年は増加し，1990年と比べて2020年は減少している。しゅう業者数の最も多い年れいそうは，1960年は15〜24さい，1990年は35〜44さい，2020年は45〜54さいと変化している。

〔問題2〕図2…①　図3…⑤　農家の人たちの立場…共通する利点は，カフェ事業を始めたり，新しい観光ルートを提案したりして，来客数が増えて，売り上げが増加したことである。　農家以外の人たちの立場…消費者にとって共通する利点は，新しくできたカフェをおとずれたり，加工工場見学などの新しい観光ルートを体験したりして，新たなサービスを受けられるようになったことである。

3　〔問題1〕⑴ウ　⑵葉の面積を同じにしたときの葉についたままの水の量が多いか少ないかを比べ，水てきが葉とくっついている部分の大きさが大きいか小さいかを比べることによって判断した。

〔問題2〕⑴図3から黒色のインクがついた部分がより少ないので，すき間がより広いと考えられ，図4からおもりをのせるとよりちぢむので，厚みがある方向にもすき間がより広いと考えられる。つまり，あらゆる方向に，水が入ることができるすき間がより多いから。　⑵じょう発した水の量は，箱とシャツの合計の重さが軽くなった量からTシャツの重さが重くなった量を引くことによって求められる。キは，Tシャツによってきゅうしゅうされた水の量とじょう発した水の量のどちらも最も多いから。

《解　説》

1 〔問題１〕　解答例のように「登山口駅」，「広場駅前」，「見晴らし広場」，「山頂展望台」の４か所と道がつながるところをすべて●で表し，経路がもれなくかかれていればよい。

〔問題２〕　かっ車の周りの長さから，ケーブルカーが 942m進むときのかっ車の回転数を求める。

〔問題３〕①　ケーブルカーでもリフトでも，待ち時間と移動時間を合わせた時間がかかる。乗車できる人数に自分をふくめ忘れないように気をつける。

②　①をふまえ，並んでいる人数が 300 人のとき，登山口駅に着くまでの時間が 38 分と比べて長いか短いかを求める。また，どちらを選んでも良い点があるので，表１を参考にして，根拠《こんきょ》のある解答となっていればよい。

2 〔問題１〕　第３次産業を選んだ場合，「就業者数は，1960 年と比べて 1990 年は増加し，1990 年と比べて 2020 年も増加している。就業者数の最も多い年齢層は，1960 年は 25～34 歳，1990 年は 35～44 歳，2020 年は 45～54 歳と変化している。」となる。1960 年の第３次産業人口は 453＋474＋319＋248＋130＋39＋６＝1669(万人)，1990 年の第３次産業人口は 533＋786＋945＋760＋451＋134＋33＝3642(万人)，2020 年の第３次産業人口は 321＋645＋813＋971＋766＋444＋108＝4068(万人)だから，確実に増えている。また，産業別の就業者数の最も多い年齢層は，徐々に上がっていることが読み取れ，どの産業においても，就業者の高齢化が進んでいることがわかる。

〔問題２〕　<具体的な取り組み>の利点をまとめてみよう。

	農家の人たちの立場	農家以外の人たちの立場
①	来客数が増加する。	新鮮な卵を使ったメニューが食べられる。
②	卵や肉などの売り上げが増える。	宿泊と地元の料理が楽しめる。
③	体験をする観光客が増える。	都会では味わえない体験ができる。
④	捨てていたしいたけを出荷できる。	新たなメニューを楽しめる。
⑤	観光客が増える。	工場見学ができる。
⑥	販売品目が増える。	新たな商品を購入できる。

例えば③と⑤を選べば，農家の人たちの立場から共通する利点は，「家族連れの観光客の数が増える。」，農家以外の人たちの立場から共通する利点は，「飼育体験や工場見学など都会ではできないような体験ができる。」などが考えられる。農家の人たちの立場からの利点は，「売り上げが増えるための工夫」を読み取ろう。農家以外の人たちの立場からの利点は，「商品や体験から得られる価値」を考えよう。

3 〔問題１〕　太郎さんと花子さんの会話より，水滴《すいてき》が転がりやすいかどうかを判断するときには，表２の結果だけに着目するのではなく，表１でそれぞれの葉の面積が異なることにも着目しなければならないことがわかる。表２の10枚の葉についたままの水の量を表１の葉の面積で割った値が小さいものほど，同じ面積についたままの水の量が少ない，つまり水滴が転がりやすいと考えればよい。よって，その値が約0.1のアとイとエは水滴が転がりにくい葉，約0.02のウとオは水滴が転がりやすい葉と判断できる。

〔問題２〕(1)　水を多く吸収できるということは，吸収した水をたくわえておくことができるすき間が多くあるということである。粒《つぶ》が小さいどろがたい積した層ではすき間がほとんどないため水を通しにくいのに対し，粒が大きい砂がたい積した層ではすき間が大きいため水を通しやすいことと同様に考えればよい。　(2)　カでは，箱とシャツの合計の重さが1648.3－1611＝37.3(ｇ)軽くなっているが，これがすべて蒸発した水の量ではない。Ｔシャツの重さに着目すると，189.8－177.4＝12.4(ｇ)重くなっている。つまり，Ｔシャツが吸収した37.3ｇのうち，12.4ｇはＴシャツに残っているから，蒸発した水の量は37.3－12.4＝24.9(ｇ)と求められる。キについても同様に考えると，Ｔシャツが吸収した水が45.9ｇ，Ｔシャツに残っている水が18.8ｇ，蒸発した水が45.9－18.8＝27.1(ｇ)である。また，クについては変化した23.1ｇが蒸発した水の量である。以上のことから，蒸発した水の量が多い順に，キ＞カ＞クとなる。よって，ポリエステルは木綿よりも水を吸収しやすく，かわきやすい素材だと考えられる。

《解答例》

1 〔問題1〕見えるもの…とんびが空を飛ぶ様子　見えないもの…空を飛ぶとんびが乗っている空気の流れ

〔問題2〕「これね、ウッドチップっていうんだよ」という美津喜ちゃんの言葉から、美津喜ちゃんが望子を観察して、ウッドチップの踏み心地にうっとりして心を奪われた望子の気持ちを正確に見抜いていたことを感じ取った。

〔問題3〕(例文)

父と山歩きをしていた時に、「すべりやすいので注意」と書かれた手書きの看板を見つけました。そこは大きな段差がある上に、日かげのため、晴れた日でもぬかるんでいました。もし、その看板がなければ、きっと転んでいたと思います。この看板を作った人は、自分がすべって転び、大変な思いをしたのではないかと思います。もしかしたら、足をくじいたかもしれません。きっと、他の人が同じような目にあわないように、わざわざ作ってくれたのでしょう。それまでの私は、自分以外の見ず知らずの人のために、そのような行動ができたでしょうか。きっとできなかったと思います。この手書きの看板の背後にある、作ってくれた人の思いやりが伝わり、私は感動しました。そして、この経験をきっかけに、知らない人のためでも、思いやりの気持ちを持ち、行動に移したいと思うようになりました。

《解　説》

1 **〔問題1〕**　〔詩〕に「空気の流れが　見えるといい」とあるように、人間は空気の流れを見ることができない。そのため、「とんび　が　どのように泳いでいるのか」わからない。見えているものは、とんびが飛んでいる様子であり、見えないものは、飛んでいるとんびが乗っている空気の流れである。

〔問題2〕　〔詩〕の前半では、「見えるもの」と「見えないもの」を、とんびを題材にして書いている。〔詩〕全体では、「見えるもの」の背後に「見えないもの」があるということ、「見えないもの」に気づくことが大切であることを表現している。〔文章〕で、「見えるもの」と「見えないもの」は何であるかを探す。望子《もちこ》は、ウッドチップの地面の「踏《ふ》み心地にうっとり」し、「心を奪《うば》われた」。望子は、「地面に敷かれたモノが何であるのか」「誰《だれ》にも質問していなかった」が、初対面の美津喜《みつき》ちゃんは望子の様子を観察し、望子がウッドチップに心を奪われていることを見抜《みぬ》いた。美津喜ちゃんは、望子の様子という「見えるもの」を観察し、望子の気持ちという「見えないもの」に気づいたのである。

《解答例》

1　〔問題1〕12　説明…A，B，Cのかざりを，それぞれ1個ずつを使ったならべ方は，下のだんから考えると，ABC，ACB，BAC，BCA，CAB，CBAの6通りである。
それぞれ一番下のだんからかざりを付け始める場合と，下から二番目のだんからかざりを付け始める場合の2通りがあるから，かざりの付け方は，6×2＝12(通り)となる。

〔問題2〕右図

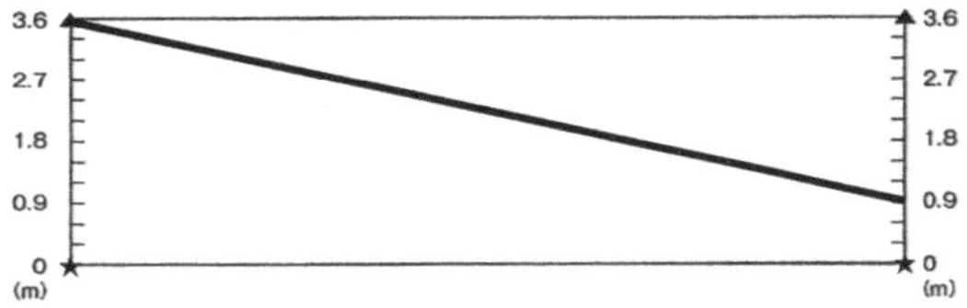

〔問題3〕階段のはば…2
図8のらせん階段の設置に必要な面積は
図7のらせん階段の設置に必要な面積の…2.25
説明…図7のらせん階だんのゆかに平行な面の面積の合計は，(2×2×3.14)×2＝25.12(㎡)
図8の内側の円の半径を1mにすると，外側の円の半径は3mとなる。
図8のらせん階だんのゆかに平行な面の面積の合計は，3×3×3.14－1×1×3.14＝25.12(㎡)となり，
図7のらせん階だんのゆかに平行な面の面積の合計と同じになる。
図7と図8のらせん階だんの設置に必要な面積はそれぞれ，2×2×3.14＝12.56(㎡)　3×3×3.14＝28.26(㎡)
となるから，28.26÷12.56＝2.25(倍)

2　〔問題1〕サケのルイベ…サケのルイベに「雪にうめて，こおらせる」という保存方法が用いられているのは，小樽市の冬の平均気温が0度以下だから。　マアジのひもの…マアジのひものに「日光に当てて干す」という保存方法が用いられているのは，小田原市の冬の降水量が夏に比べて少なく，日光に当てることができたから。
ブリのかぶらずし…ブリのかぶらずしに「甘酒につけて，発酵をうながす」という保存方法が用いられているのは，金沢市の冬は降水量が多く，空気がしめっており，発酵が進む気温だから。
〔問題2〕(米と小麦の例文)米がとれる地域と小麦がとれる地域の年平均気温と年間降水量をそれぞれ比べると，米がとれる地域の年平均気温は高く，年間降水量は多いが，小麦がとれる地域の年平均気温は低く，年間降水量は少ない。

3　〔問題1〕(1)選んだもの…ウ　理由…実験1から，色がついているよごれを最もよく落とすのは，アとウであることが分かる。そして，実験2から，アとウを比べると，ウの方がより多くでんぷんのつぶを減少させることが分かるから。　(2)5分後のつぶの数をもとにした，減少したつぶの数のわり合は，水だけの場合よりも液体ウの場合の方が大きいから。
〔問題2〕(1)せんざいの量を28てきより多くしても，かんそうさせた後のふきんの重さは減少しないので，落とすことができる油の量は増加していないと分かるから。
(2)サラダ油が見えなくなるもの…A，B，C，D　洗剤…4

《解　説》

1　〔問題１〕　解答例のように，A，B，Cの並べ方を考えるほかに，下の段から考えて，かざりを奇数段目に付ける場合と偶数《ぐうすう》段目に付ける場合があることに注意する。

〔問題２〕　手すりの高さは階段を上るごとに同じ割合で高くなるので，手すりを展開図にかくときは直線になる。手すりの一番高い部分は▲の位置にあり，一番低い部分は★の位置から 0.9m高い位置にある。円柱の外側に手すりがついていると考えると(解答用紙の図は円柱の側面の外側だと考えると)，左側の▲の位置が階段の上の▲にあたる。右側の★の位置から 0.9m高い位置から，左側の▲の位置に直線を引けばよい。

〔問題３〕　例えば右図のように半径がａとｂの２つの円が重なっている図形があるとき，小さい円と大きい円の面積比は，（ａ×ａ）：（ｂ×ｂ）となるから，小さい円と色つき部分の面積比は，（ａ×ａ）：（ｂ×ｂ－ａ×ａ）となる。ａ，ｂを整数とすれば，ｂ×ｂ－ａ×ａは平方数《へいほうすう》(同じ整数を２つかけてできる数)の差を表していることになる。この問題では，この平方数の差を意識して考えなければならない。

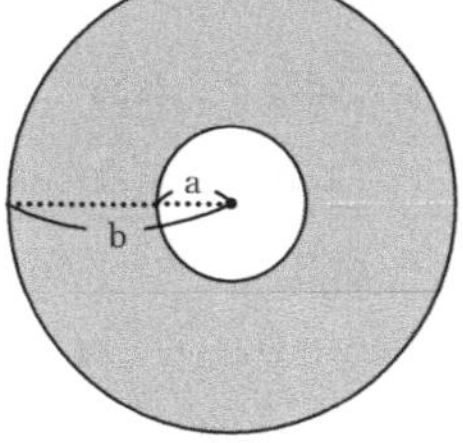

階段のはばは，少しでも計算がしやすくなるように偶数にした方がよい。解答例では２ｍとしている。

階段のはばが２ｍのとき，図７のらせん階段のゆかに必要な面積の合計は，（２×２×3.14）×２＝８×3.14(㎡)となる。したがって，図８のらせん階段のゆかに必要な面積の合計も８×3.14(㎡)であり，差が２(階段のはば)である２つの平方数の差が８となるものを考えると，３×３－１×１＝８が見つかる。

よって，小さい円の半径が１ｍ，大きい円の半径が３ｍのとき，階段のはばは２ｍになり，小さい円の面積と，らせん階段のゆかに必要な面積の合計の比が，（１×１）：（３×３－１×１）＝１：８になる。

解答例で，図８の内側の円の半径を１ｍ，外側の円の半径を３ｍとしているのは，この考え方をもとにしている。

2　〔問題１〕　図１の保存方法から地域の気候の特徴を読み取り，図２の都市の冬(12 月１月)の降水量や気温と関連付ける。　〔サケのルイベ〕　図１で雪にうめてこおらせていることから，冬にまとまった雪が降ると考えられる。それを踏まえて図２を見ると，北海道小樽市の冬の気温がマイナスなので，寒さが厳しいことが読み取れる。

〔マアジのひもの〕　図１で空気がかわいた時期に天日干ししていることから，冬にかんそうした晴れの日が多いと考えられる。それを踏まえて図２を見ると，神奈川県小田原市の冬の降水量が 100 ㎜以下で少ないことが読み取れる。　〔ブリのかぶらずし〕　図１で空気がしめっている時期に発酵させていることから，冬の降水量が多いと考えられる。それを踏まえて図２を見ると，石川県金沢市の冬の降水量が 250～300 ㎜で多いことが読み取れる。

また，冬の気温が５度以上であることに着目すれば，発酵に適した温度だと導ける。

〔問題２〕　図４より，①と②は小麦，③と⑤はそば，④と⑥は米が材料である(右図参照)。解答例の他，「そばがとれる地域の年平均気温は低く，年間降水量は多い。」も考えられる。

図５　先生が示した図

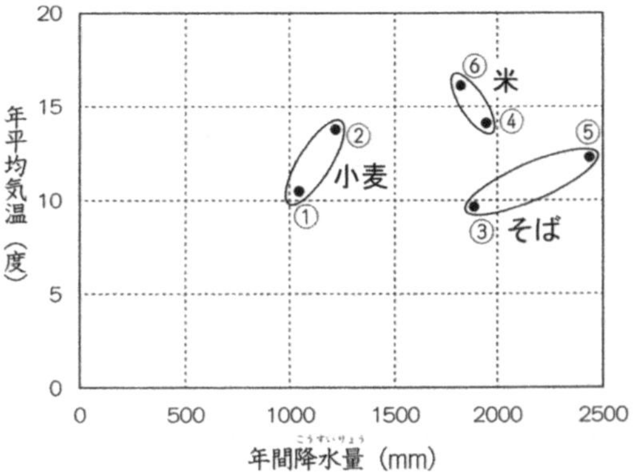

3　〔問題１〕(1)　ここでは５分間液体につけておくときのよごれの落ち方を考える必要があるので，表１と２では，５分後の結果に着目し，表１からは色がついているよごれの落ち方，表２からはでんぷんのよごれの落ち方を読み取る。５分間では，色のついているよごれはアとウで最も落ちやすく，でんぷんのよごれはウで最も落ちやすい。よって，どちらのよごれも落ちやすいウが適切である。　(2)　表２より，水だけのときの５分後の粒《つぶ》の数は804,

60分後の粒の数は484だから，55分間で804－484＝320減っている。５分後の粒の数をもとにした，減少した粒の割合は320÷804×100＝39.8…(%)である。ウについても同様にして求めると，(476－166)÷476×100＝65.1…(%)となるから，ウの方がでんぷんのよごれの程度をより変化させたといえる。

〔問題２〕(1)　表３の乾燥《かんそう》させた後のふきんの重さから最初のふきんの重さ20.6ｇを引いたものが，ふきんに残っているサラダ油の重さだと考えられる。24滴《てき》までは，洗剤《せんざい》の量を多くすると，残っている油の重さが軽くなっていくが，28滴のときには24滴のときよりも多くの油が残っていて，28滴より多くしても残っている油の重さが軽くならないから，太郎さんの予想は正しくないといえる。　(2)　サラダ油100滴の重さが2.5ｇだから，サラダ油0.4ｇは$100 \times \frac{0.4}{2.5} = 16$(滴)である。よって，表４で，加えたサラダ油の量が16滴より多いＡ～Ｄでは，液体の上部にサラダ油が見えなくなる。また，実験４から考えられる，サラダ油0.4ｇを落とすことができる最低限の洗剤の重さは，サラダ油の量が17滴のときに上部にサラダ油が見えた(16滴のサラダ油は落とすことができる)Ｄに入っている洗剤の重さと同じである。入っている洗剤の重さは，Ａが１ｇの半分，ＢがＡの半分，ＣがＢの半分，ＤがＣの半分だから，Ｄに入っている洗剤の重さは$1 \div \overset{A}{2} \div \overset{B}{2} \div \overset{C}{2} \div \overset{D}{2} = 0.0625$(ｇ)である。よって，洗剤100滴の重さが２ｇだから，洗剤0.0625ｇは$100 \times \frac{0.0625}{2} = 3.125$(滴)であり，最低４滴の洗剤が必要である。

《解答例》

1 〔問題１〕文章…そのものをそのものの名前でよぶことで、現実をはっきりと見つめなおすこと。　詩…言葉によって、そのものがもっている色々な意味が限られたものにされてしまうこと。

〔問題２〕(例文)私は「となりのトトロ」を見た後に、じぶんの変化を感じた。変化したのは自然に対する見方だ。映画に出てくるような里山や森は、私の身近な所にはない。しかし、私の祖父母が生まれたころには、日本中にあった。つまり、人類の長い歴史から見れば、急激に身近な自然を失ったことになる。また、自然を失うのと同時に、自然をおそれ敬う気持ちもなくしてしまったのだと思う。森にトトロがいると考える、そのような精神と、日本人がけんきょな気持ちで自然と関わり、守ってきたことは、深くつながっていたはずだ。そこで私は、農業や農村を民ぞく学的な視点で研究し、守っていく仕事をしたいと考えた。このように、「となりのトトロ」を見たことが、現代の日本人の自然との関わり方をきちんと見つめなおし、未来につなぎたいと思うきっかけになった。

《解　説》

1 **〔問題１〕**　**文章**…最初の段落で「名づけるというのは，そのものをそのものの名でよぶということです。それは，現実をはっきりと見る，見つめなおすということ」だと述べている。この部分を用いてまとめる。　**詩**…「木は～木という言葉以上のものだ」「木を見ると木から世界がほぐれてくる」とあるように，木そのものは，さまざまな意味や，そこから広がる世界観をもつものである。しかし人間は，「木を木と呼《よ》ばないと～書けない」「木を木と呼んでしまうと～木しか書けない」とあるように，「木」という言葉をあたえて限定的にとらえることで認識し，その言葉だけでとらえられない部分を保留にして，共有するしかないのである。その名づけたものとの関わりが深くなればなるほど，そのものについての見方も深くなり，一人一人のとらえ方がその言葉に反映されていく。そのことを，「人間の手が触《ふ》れれば触れるほど～木になってゆく」と表現している。

〔問題２〕　「じぶんがどこかでちがってくる」とは，名づけられたものとの出会いによって，ものの見方やとらえ方，考え方などが変わるということである。それはたとえば，文章にあるように，何かの物語に出会って「まわりの世界の一つ一つとあらためて積極的な関係を結びなおす」「自明の世界，既成《きせい》の世界にあって，なお『なすこと』の夢がいま，ここにあるんだということを～発見する」といったことである。あるいは，詩から読み取れるように，出会った言葉のとらえ方が，そのものと関わっていくうちに意味の広さや奥《おく》深さをましていく，つまり，自分の認識が変わっていくということである。自分のものの見方が変わった経験を思い出し，そこに名づけられた言葉やストーリーが関わっていなかったか，ふり返ってみよう。

《解答例》

1 〔問題1〕 5／右図から2つ

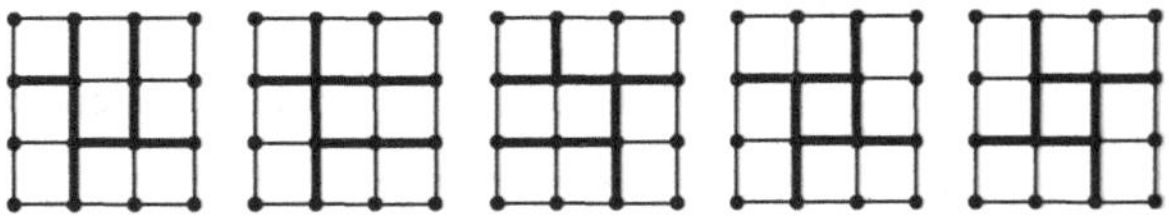

〔問題2〕決めた直径…18　求めた円周率…3.16

説明…円の直径を18cmとすると，リンドパピルスに書かれている方法で求めた円の面積は$(18-18\times\frac{1}{9})\times(18-18\times\frac{1}{9})=256$(cm²)

円の半径は18÷2＝9(cm)だから，このときの円周率は，256÷9÷9＝3.160…より，3.16

〔問題3〕1280　説明…正面から見たときに見える部分にはる色画用紙のまい数は，

(1＋2＋3＋4＋5＋6＋7＋8＋9＋10)×4＝220

後ろから見たときと左から見たときと右から見たときも同じだから，220×4＝880

さらに，真上から見たときに見える部分にはる色画用紙のまい数は，上から10だんめだけを真上から見たときに見える部分にはれる色画用紙のまい数と等しいから，10×10×4＝400

よって，必要な色画用紙のまい数は，880＋400＝1280(まい)

2 〔問題1〕図1より，主ばつに適した林齢は，50年以上であることが分かる。図2の2017年の林齢構成をみると，主ばつに適した林齢50年を経過した人工林の面積は大きいが，林齢30年よりもわかい人工林の面積は小さい。1976年，1995年，2017年の変化から，林齢50年以上の人工林が主ばつされると，しょう来，主ばつに適した人工林は少なくなっていくことが予想される。よって，利用することのできる木材の量が減ることが課題である。

〔問題2〕(図3と図4を選んだときの例文)図3のように商品を生産する立場の人たちが，間ばつ材を使った商品を開発したり，利用方法を考えたりすることで，さまざまな商品が生まれる。また，商品を買う立場の人たちも，図4のような間ばつ材を知ってもらう活動を通じて，間ばつや，間ばつ材を使った商品に関心をもつ。これらの活動から，商品を売ったり買ったりする機会が生まれ，間ばつ材の利用が促進される。

3 〔問題1〕(1)右図　(2)右図　理由…図6から，㋙は㋐に対して，つつの右側のじ石の極は変わらないが，左側のじ石の極は反対である。図7のイより，鉄板に置く4個のじ石のうち，右側の2個のじ石の上側の極は変えずに，左側の2個のじ石の上側をN極からS極に変えるとよいから。

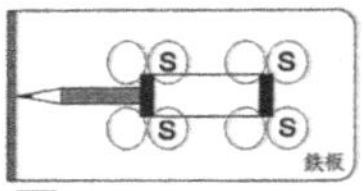

3〔問題1〕(1)の図

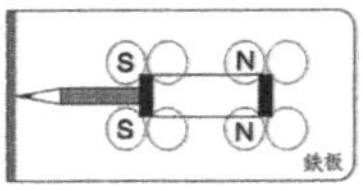

3〔問題1〕(2)の図

〔問題2〕(1)2　(2)大きい場合…②　理由…①はA方向がそろっていないので，N極とS極が引き合う部分と，N極どうしやS極どうしがしりぞけ合う部分がある。それに対して，②はA方向がそろっているので，ほとんどの部分でN極とS極が引き合う。そのため，①より②のほうが引き合う部分が大きいから。

《解　説》

１　〔問題１〕　１辺10㎝の正方形の紙がどの位置にくるのかで場合分けをする。１辺10㎝の正方形の紙が回転させて左上のマスに移動できるとき，正方形の紙を左上で固定して考えると，並べ方は図ｉのような３通りがある。

図ｉ

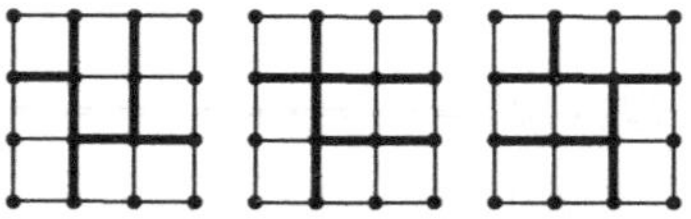

１辺10㎝の正方形の紙が回転させて図iiのような位置にあるときは，他の長方形の紙を４枚使って正方形の形に並べることができない。

図ii

１辺10㎝の正方形の紙が２本の対角線が交わった点のマスにあるとき，並べ方は図iiiのような２通りがある。

図iii

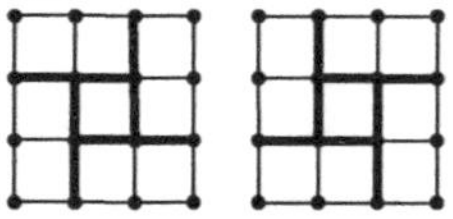

よって，全部で３＋２＝５(通り)ある。

〔問題２〕　リンドパピルスに書かれている方法では，$\{(直径)-(直径)\times\frac{1}{9}\}\times\{(直径)-(直径)\times\frac{1}{9}\}$で円の面積を求めている。(円の面積)＝(半径)×(半径)×(円周率)だから，(円周率)＝(円の面積)÷(半径)÷(半径)で求めることができる。

直径は何㎝にしてもよいが，(直径)×$\frac{1}{9}$の値と(半径)＝(直径)÷２を計算しやすくするため，直径を９と２の最小公倍数である18の倍数にするとよい。

〔問題３〕　必要な画用紙の枚数は，(正面，後ろ，右，左から見える正方形と真上から見える図形に並べられる正方形の個数)×４で求められる(真下から見える正方形はゆかと接している面だからはらない)。

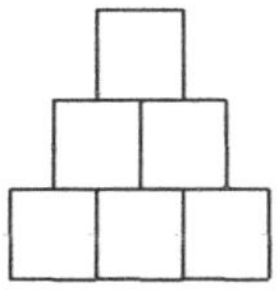

正面，後ろ，右，左から見える正方形は，図４のときに右図のようになることから，１段目が１個，２段目が２個，…10段目が10個となるとわかる。

各段の立方体の個数は，１段目が１個，２段目が４＝２×２(個)，３段目が９＝３×３(個)，…となるから，10段目は(10×10)個になるとわかる。よって，真上から見える図形に並べられる正方形の個数は，(10×10)個である。

このことから，解答例のように説明できる。

２　〔問題１〕　図１より，木材として利用するために林齢50年以上の木々を切っていること，図２より，人工林の高齢化が進んでおり，2017年では林齢50年以下の人工林は若くなるほど面積が小さくなっていることが読み取れる。また，花子さんが「人工林の総面積は，1995年から2017年にかけて少し減っています」，先生が「都市化が進んでいることなどから，これ以上，人工林の面積を増やすことは難しい」と言っていることから，今後，人工林の面積はさらに減っていき，主ばつして利用できる木材の量が不足してしまうことが予測できる。

〔問題２〕　図の取り組みについて，会話中の言葉を手がかりにしよう。図３について，花子さんが「間ばつ材も，重要な木材資源として活用することが，資源の限られた日本にとって大切なこと」と言っている。図４について，太郎さんが「間ばつ材マークは…間ばつ材利用の重要性などを広く知ってもらうためにも利用される」と言っている。図５を選択する場合は，「図５のように実際に林業にたずさわる人たちが，高性能の林業機械を使ってばっ採したり，大型トラックで大量に木材を運んだりすることで，効率的に作業できる。」を，図３の間ばつ材を使った商品の開発や利用に関連付けてまとめるとよい。

3　〔問題１〕(1)　(あ)のつつの磁石のＮ極の真下の鉄板には上側がＮ極の磁石を２個，Ｓ極の真下の鉄板には上側がＳ極の磁石を２個置く。解答例の他に，右図のように磁石を置いてもよい。　(2)　解答例の他に下図のように磁石を置いてもよい。

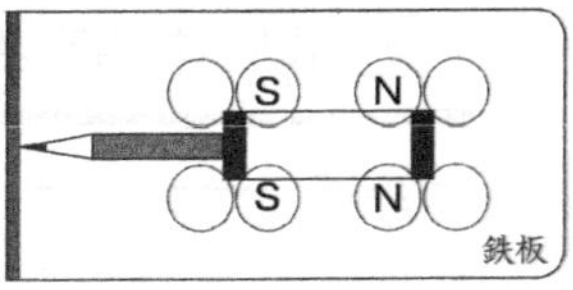

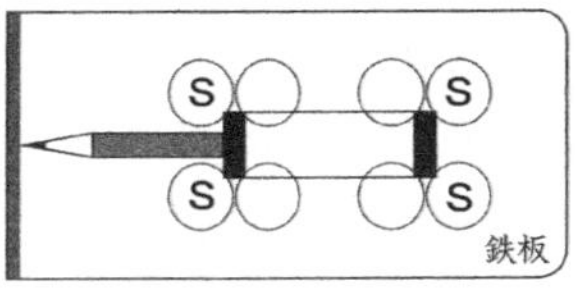

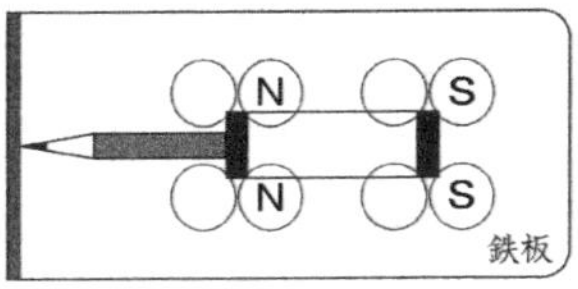

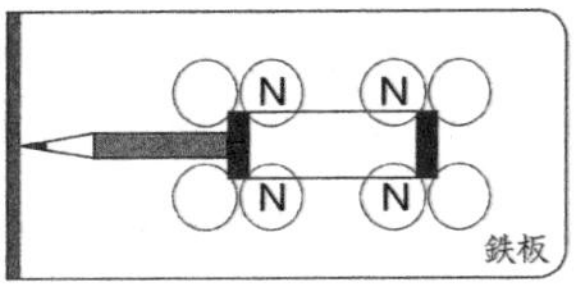

〔問題２〕(1)　表１のＡ方向が地面に平行なときの記録に着目する。１辺が１cm の正方形のシートの面積は１×１＝１(㎠)で，このときの記録は０個(０ｇ)，１辺が２cm の正方形のシートの面積は２×２＝４(㎠)で，このときの記録は２個(20ｇ)，１辺が３cm の正方形のシートの面積は３×３＝９(㎠)で，このときの記録は５個(50ｇ)である。１辺が３cm 以下の正方形では，つりさげることができる最大の重さはシートの面積に比例するので，１辺が２cm の正方形のシートと比べると 20÷４＝５(ｇ)，１辺が３cm の正方形のシートと比べると 50÷９＝5.5…(ｇ)までつりさげることができる。したがって，１辺が１cm の正方形について，２ｇのおもりでの記録は２個と考えられる。
(2)　①(表２の１番下の記録)よりも②(表２の真ん中の記録)の方が記録が大きい。このように記録の大きさにちがいが出るのは，シートのＮ極とＳ極が図 10 のように並んでおり，２枚のシートのＡ方向がそろっていると，ほとんどの部分でＮ極とＳ極が引き合うが，２枚のシートのＡ方向がそろっていないと，引き合う部分としりぞけ合う部分ができるからである。なお，表２の１番上の記録よりも②の方が記録が大きいのは，②では，おもりをつけたシートが下にずれようとするとき，それぞれの極が，黒板に貼りつけたシートから上向きの引きつける力と上向きのしりぞける力を受けるためである。

《解答例》

1 〔問題1〕本を最後まで読み切らず読みさしにしてしまっていることに対して、後ろめたい気持ちがあるから。

〔問題2〕（例文）筆者は、「読む」ことを、著者と一対一で真剣に向き合うことだととらえている。それは、『君たちはどう生きるか』という本を読み、コペル君の経験を通して著者が示したテーマについて、自分としてどう向き合うかを考えることにあたると思う。一方、筆者は、「眺める」ことを、あとに残ることのない表面的な見方だととらえている。それは、ファッション誌を買って、流行のアイテムやその月の運勢を知ることにあたると思う。

〔問題3〕感情のつながりが人生を一つのまとまったものにしている、というのがあたりまえの考えではないこと。

〔問題4〕（例文）「その争い」とは、人生に統一性を与えようとした時に、感情と言葉が対立することである。言葉は不誠実で扱いにくいものだが、それがなければ、自分の人生をかたちづくることも、自分のことを他者に伝えることもできない。たとえば、美しい風景を見て感動した時、その気持ちのすべてを言葉で表現することはできない。しかし、言葉にしなければ、その感動を、自分自身が認識することも、他の人に伝えることもできないのである。

《解　説》

1 **〔問題1〕**　傍線部《ぼうせんぶ》の前後の「読みさし（読みかけ）の本は，気になるものだ」「すまんすまん～もうしばらくそこで我慢《がまん》しててくれ」から，筆者が本を読み切らず「読みさし」にしていることに対して，申し訳なく思うような気持ちであることが読み取れる。「栞《しおり》が『早くここから出してくれ』と訴《うった》えている」は，早く続きを読んでほしいと言われているように感じるということ。それは，筆者が「読みさし」にしていることを悪いと思って気にしているからだと考えられる。

〔問題2〕　「読む」は，本文において「本を読む」ことにあたる。それについての筆者の考えは，本文後ろから2段落《だんらく》目で，「『本を読む』というのは～とても個人的で能動的な行為《こうい》なのだと思う。一冊一冊が，まさに著者《ちょしゃ》との一対一の真剣勝負《しんけんしょうぶ》。ガチンコ勝負（正面からぶつかり合う本気の対決）」と述べている。「読む」と対照的な「眺《なが》める」は，本文において「モニター上で接する情報」のとらえ方のことである。それは，本文後ろから3～4段落目で，「『流れてくる』ものや『享受《きょうじゅ》する』もの」であり，「目にしたそばから消えてゆく～物事の表層《ひょうそう》を撫《な》でて～誰《だれ》かとの会話で口にするためだけに引っ張ってきた」だけの，「あとに残る」ことがないものだと述べている。つまり，主体的に本気で考えるものか，自分で深めることのない一時的なものか，というちがいがある。これらの内容をふまえて，それぞれにふさわしい具体例を取り上げよう。

〔問題3〕　「そうでもない」は，直前の一文を受けており，「ごくあたりまえの考え」ではないということ。どのような考えが「ごくあたりまえの考え」ではないのか。それは，直前の段落で述べている「感情のつながりこそが，私《わたし》の人生を一つのまとまったものにしている」という考えである。これらの内容をまとめる。

〔問題4〕　傍線部の直前にある「感情と言葉はそれぞれが支配権《しはいけん》と正当性を主張」するという争いのこと。この「感情と言葉」の争いは，何についての争いか。同じ段落の最初に「感情と言葉とのこの葛藤《かっとう》（たがいにゆずらず対立すること）」とあることに着目する。「この」が指すのは，これまでの本文で述べてきた，「人生にまとまりをもたらしている」（人生に統一性を与《あた》えている）ものが「感情」なのか「言葉」なのかということ。ルソーは「感情のつながりこそが，私の人生を一つのまとまったものにしているのだ」と考え，「言葉で表現したときには辻褄《つじつま》のあわない点が出てきたりもする」と不信感をもち，「言葉を軽視《けいし》し，感情を重視《じゅうし》」した。しかし筆者は，「人生にまとまりをもたらしているのは『言葉』です」と述べ，「そうしなければ（感情を言葉に変えなければ）人生はくっきりとしたかたちを取ってはくれないし，自分のことを相手に伝えることもできない」「不誠実《ふせいじつ》で扱《あつか》いにくい言葉に身を任せることではじめて，私たちは自分の人生を～生きなおし，それにかたちを与えることができます」と述べている。この「感情と言葉」の関係を，自分の身近な経験にあてはめて考えてみよう。

《解答例》

1 〔問題1〕13，182　説明…積まれた俵を正面から見た図と，その図の上下をさかさまにした図をならべると，俵が，横に８＋20＝28(個)ならんだものが 13 段あることになる。よって、積まれた俵の個数は，それらの個数の合計の半分だから，28×13÷２＝182(個)である。

〔問題2〕「一重めの図」，「二重めの図」，「三重めの図」をつくったとき，一番外側のとなり合う円の中心と中心を結んでできる六角形の外側の部分の面積は，円の面積の５個分，８個分，11 個分と増えていく。したがって，考えている部分の面積は，円の面積の３個分ずつ増えていくと考えられる。

〔問題3〕(たかおさんの問題を選んだ場合)選んだ問題の答え…正五角形の周りの長さの方が長い。

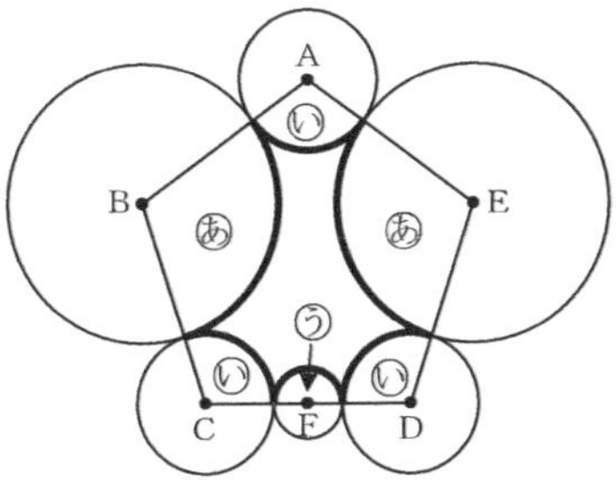

説明…正五角形の周りの長さは，６×５＝30(cm)である。

正五角形の一つの角の大きさは，108°で，これは 36°の三つ分であり，360°を 10 等分したものの３個分の大きさである。

図のあの部分の一つ分の太線の長さは，４×２×3.14÷10×３＝7.536(cm)

図のいの部分の一つ分の太線の長さは，２×２×3.14÷10×３＝3.768(cm)

図のうの部分の太線の長さは，半径が１cmの円周の半分だから，

１×２×3.14÷２＝3.14(cm)

よって，太線の長さは，7.536×２＋3.768×３＋3.14＝29.516(cm)である。

以上から，正五角形の周りの長さの方が長い。

(みつこさんの問題を選んだ場合)選んだ問題の答え…中心がＢの円全体の面積の方が大きい。

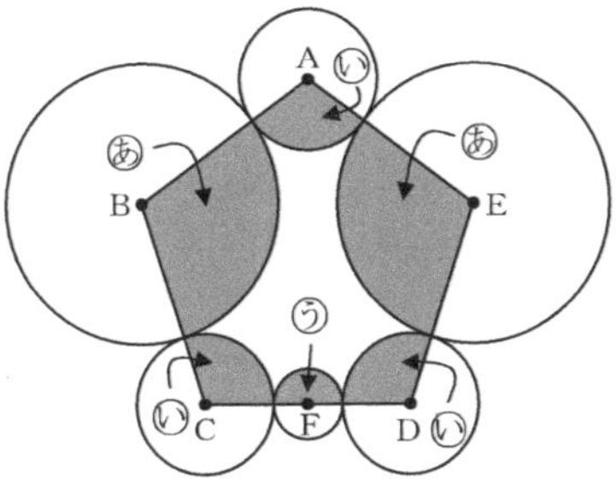

説明…中心がＢの円全体の面積は，４×４×3.14＝50.24(㎠)である。

正五角形の一つの角の大きさは，108°で，これは 36°の三つ分であり，360°を 10 等分したものの３個分の大きさである。

図のあの部分の一つ分の面積は，４×４×3.14÷10×３＝15.072(㎠)

図のいの部分の一つ分の面積は，２×２×3.14÷10×３＝3.768(㎠)

図のうの部分の面積は半径が１cmの円の面積の半分だから，

１×１×3.14÷２＝1.57(㎠)

よって，ぬられている部分の面積は，15.072×２＋3.768×３＋1.57＝43.018(㎠)である。

以上から，中心がＢの円全体の面積の方が大きい。

2 〔問題1〕選んだ図…図２　あなたの考え…2001 年度に国の制度が改められたことで，新しくバスの営業を開始しやすくなり，2000 年度ごろまでにみられた減少が止まり，2001 年度から 2015 年度にかけて実際に走行したきょりは，大きく減少することなく増加している。

〔問題2〕設計の工夫…出入口の高さ／固定ベルトの設置

期待されている役割…ベビーカーを利用する人にとって，出入口の高さが低くつくられていることと，車内に固定ベルトが設置されていることにより，乗りおりのときや乗車中に，ベビーカーを安全に利用できる。

〔問題3〕課題…バス以外の自動車で混み合う道路がうまれる可能性がある。　あなたの考え…時こく表に対するバスの運行状きょうが向上していることをせん伝して，バス以外の自動車を使う人にバスを利用してもらい，混み合う道路が少なくなるように働きかける。

3 〔問題１〕選んだプロペラ…Ａ　示す値のちがい…13.3

〔問題２〕⑴モーター…ウ　プロペラ…Ｈ

⑵選んだ予想…①　予想が正しくなる場合…ありません　理由…Ｅ，Ｆ，Ｇ，Ｈのどのプロペラのときでも，アとイのモーターの結果を比べると，アのモーターの方が軽いのに，かかった時間が長くなっているから。

〔問題３〕⑴×　⑵車が前に動く条件は，㋐が 50°から 80°までのときで，さらに，㋐と㋑の和が 100°か 110°のときである。

《解　説》

1 **〔問題１〕**　段数は，８～20までの整数がいくつあるのかを考えればよいので，20－８＋１＝13(段)だとわかる。積まれた俵を正面から見た図と，その図の上下をさかさまにした図を並べると，右図のようになるので，解答例のような説明ができる。

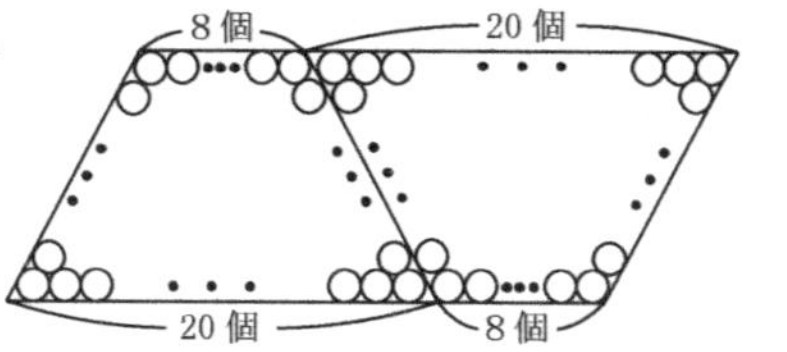

〔問題２〕　一重めの図について，右図のように線をひくと，六角形の内側の部分に10個の正三角形ができる。よって，六角形の外側の部分は，半円が２個と，中心角が360－60×２＝240(度)のおうぎ形６個でできているとわかる。半円２個は円の面積の$\frac{1}{2}$×２＝１(個)分，中心角が240度のおうぎ形６個は，円の面積の$\frac{240}{360}$×６＝４(個)分だから，一重めの図の六角形の外側の部分の面積は，円の面積１＋４＝５(個)分である。六角形の外側の部分について，図５と図６を見ると，周りに円を並べても，中心角が240度のおうぎ形の個数は変わらず６個であり，半円の個数は６個ずつ増えるとわかる。このことから考えると，二重めの図は，半円が２＋６＝８(個)と中心角が240度のおうぎ形６個でできているから，円の面積$\frac{1}{2}$×８＋４＝８(個)分，三重めの図は，半円が８＋６＝14(個)と中心角が240度のおうぎ形６個でできているから，円の面積$\frac{1}{2}$×14＋４＝11(個)分だとわかる。

〔問題３〕　Ｂ，Ｅを中心とする円の半径が４cmなので，Ａ，Ｃ，Ｄを中心とする円の半径は６－４＝２(cm)である。よって，Ｆを中心とする円の直径は６－２－２＝２(cm)なので，半径は２÷２＝１(cm)である。

正五角形の内角の和は180×(５－２)＝540(度)なので，正五角形の一つの角の大きさは540÷５＝108(度)である。

したがって，解答例のように考えることができる。

2 **〔問題１〕**　解答例の「新しくバスの営業を開始しやすくなり」は「新たな路線を開設しやすくなり」でも良い。図２より，実際に走行したきょりは，2001年度が約292500万km，2015年度が約314000万kmだから，20000万km以上増加していることがわかる。そのことを，表１の2001年度の「バスの営業を新たに開始したり，新たな路線を開設したりしやすくするなど，国の制度が改められた」と関連付ける。また，図１を選んだ場合は，解答例の「実際に走行したきょり」を「合計台数」に変えれば良い。

〔問題２〕　解答例のほか，設計の工夫に「手すりの素材」「ゆかの素材」を選び，共通する役割に「足腰の弱った高齢者にとって，手すりやゆかがすべりにくい素材となっていることにより，乗りおりのときや車内を移動するときに，スムーズに歩くことができる。」としたり，設計の工夫に「車いすスペースの設置」「降車ボタンの位置」を選び，共通する役割に「車いすを利用する人にとって，車内に車いすスペースが設置されていることと，降車ボタンが低くつくられていることにより，乗車中やおりるときに，車いすでも利用しやすくなる。」としたりすることもできる。

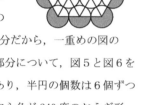

〔**問題３**〕　課題について，先生が「乗合バスが接近してきたときには，(一般の自動車が)『バス優先』と書かれた車線から出て，道をゆずらなければいけない」と言っていることから，バス以外の自動車による交通渋滞が発生する恐れがあると導ける。解決について，図６で，運用１か月後の平均運行時間が運用前よりも２分近く短縮されたこと，図７で，運用１か月後の所要時間短縮の成功率が運用前よりも 30%近く高くなったことを読み取り，このような運行状況の向上を宣伝することで，交通手段としてバスを選ぶ人を増やし，渋滞を回避するといった方法を導く。

3　〔**問題１**〕　A．123.5−(54.1＋48.6＋7.5)＝13.3(g)　B．123.2−(54.1＋48.6＋2.7)＝17.8(g)　C．120.9−(54.1＋48.6＋3.3)＝14.9(g)　D．111.8−(54.1＋48.6＋4.2)＝4.9(g)

〔**問題２**〕**(1)**　表５で，５m地点から 10m地点まで(同じきょりを)走りぬけるのにかかった時間が短いときほど車の模型が速く走ったと考えればよい。　**(2)**　①…モーターはアが最も軽いが，プロペラがEとFのときにはイ，プロペラがGのときにはイとウ，プロペラがHのときにはウが最も速く走ったので，予想が正しくなる場合はない。②…プロペラの中心から羽根のはしまでの長さは長い順にH，G，F，Eで，これはモーターがウのときの速く走った順と同じだから，予想が正しくなる場合がある。

〔**問題３**〕**(1)**　(あ)が 60°で，(あ)と(い)の和が 70°になるのは，(い)が 70−60＝10(°)のときである。したがって，表６で，(あ)が 60°，(い)が 10°のときの結果に着目すると，×が当てはまる。　**(2)**　(1)のように考えて表７に記号を当てはめると，右表のようになる。車が前に動くのは記号が○のときだけだから，○になるときの条件をまとめればよい。

		(あ)と(い)の和					
		60°	70°	80°	90°	100°	110°
(あ)	20°	×	×	×	×		
	30°	×	×	×	×	×	
	40°	×	×	×	△	△	△
	50°	×	×	×	△	○	○
	60°		×	×	△	○	○
	70°			×	△	○	○
	80°				△	○	○

《解答例》

1 〔問題１〕エメラルドに関わる思い出がとても美しく、軽々しく話せないものだから。

〔問題２〕(例文)私は、高田さんの思いや生き方は、おくゆかしくて素敵だと考える。なぜなら、簡単に悲しみを捨ててしまわないからだ。大切な人や物を失ったら悲しみにしずむ。大切に思う分だけ悲しみも深いのだ。つらいからとすぐに忘れてしまうのでは冷たい気がする。痛みを感じながらも大切なものを心に残しているほうが、ものの見方や感じ方に深みが出て、心が豊かでいられるはずだ。そして、他の人の悲しみに心から寄りそうことができると思う。

〔問題３〕自転車に対する理解が浅いか、もしくは一つひとつの動作を分せきしたり、理論を構築したりできないから。

〔問題４〕(例文)私はダンスを習っている。なかなか上達せず、練習がいやになった時期がある。そのとき、自分は本当にダンスが好きなのかを考えるために、しばらく練習を休むことにした。すると、あせっていた気持ちが落ち着き、何か音楽が流れると、自然に体を動かしたくなる自分に気付いた。そして、自分のペースで楽しみながらダンスを続けていこうと思えるようになった。だから私は、練習を続けるのが難しいときは、初心に返るようにしている。

《解　説》

1 **〔問題１〕**　「もったいぶる」とは、いかにも重々しげに、また、ぎょうぎょうしくふるまうこと。これから話すことが、「ほんとうにうっとりするような、美しい～いまでも夢じゃないかと思うような」話であり、軽々しく話すような内容ではないということを表している。

〔問題２〕　まず、「高田さんの思いや、生き方」とはどういうものかを本文から読み取ろう。高田さんは「のどにつかえた悲しみの石を、ごくり、と飲みこんだ」。その「悲しみの石」とは、ユニコーンが残していったエメラルドと同じようなもの。つまり、中に「しあわせのシンボルの四つ葉のクローバー」が埋《う》まっている(＝しあわせが埋まっている)、美しい「悲しみの結晶《けっしょう》」である。それが「宝《たから》のようにいとおしくなった」のだ。これらがたとえていることを考えよう。それは、悲しみはマイナスだけをもたらすものではないと考え、悲しみから目をそらさず、それを受け止めて生きようとする、ということである。では、そのような思いや生き方を、自分はどう思うか。認める方向で書いても、ユニコーンのように悲しみを吐《は》きだすほうがよいと書いてもよい。「具体的な理由をあげながら」とあるので、「なぜなら～からだ。」のように、それが理由であるとはっきりわかる書き方をしよう。

〔問題３〕　直後で「きちんと説明できるようになるためには～自転車に対する理解を深めるか、仮に乗れなくても一つひとつの動作を分析《ぶんせき》し、理論《りろん》を構築できるようにならなければならない」と述べていることに着目する。下線部のことができないから、説明できないのである。よって、下線部の反対の内容、つまり「自転車に対する理解が浅い」「一つひとつの動作を分析したり、理論を構築したりすることができない」という内容をまとめよう。

〔問題４〕　まず、ここでの「練習を続けるのが難《むずか》しいとき」とはどういう意味かを読み取る。それは、本文に「最初のうちは練習量に比例して上達していくが、いずれその伸《の》びが止まり、停滞期《ていたいき》に入ることもある。その時はどうしたら良いか？」とあることから、練習に行きづまったときのことだと考えられる。本文では、「(練習の)量によってその壁《かべ》を乗り越《こ》える方法」と「練習の質について見直すアプローチ」(＝メソッドを変える～ブレイクスルーを起こすやり方)を取り上げているが、自分ならばどうするか。「具体例を交えて」とあるので、自分が何かの練習をしていて行きづまった経験を思い出し、そのときに考えたこと、実行したことをふまえてまとめよう。

三鷹中等教育学校　2019 平成31 年度　適性検査Ⅱ

《解答例》

1 〔問題１〕ア，５／ウ，３／カ，３ から２つ

〔問題２〕23　説明…回転させる回数は整数であり、回転させる角度も整数のみなので、360 の約数の個数を考えればよい。360 の約数は、１、２、３、４、５、６、８、９、10、12、15、18、20、24、30、36、40、45、60、72、90、120、180、360 の全部で 24 個ある。24 個の約数を回転させる角度を表す数とすれば、１回対称の図形は考えないので、360 をのぞけばよい。24－１＝23　　したがって、全部で 23 種類の名前がつけられる。

〔問題３〕選んだ図形…４　選んだ図形の面積…2034.7

説明

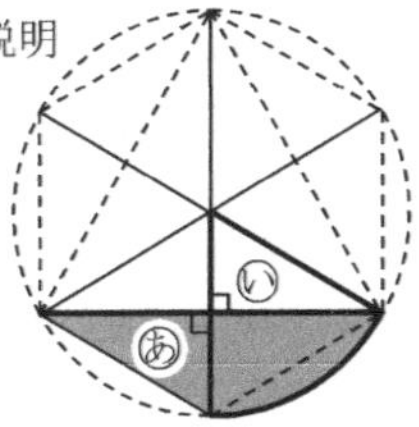

左の図で，あの直角三角形といの直角三角形は合同だから、面積は等しい。
よって、図４のぬりつぶしている部分の３つの図形のうち、１つ分の面積は、太い線で囲まれた円の６等分の面積と等しい。つまり、図４のぬりつぶしている部分全体の面積は、円の半分の面積と等しい。したがって、選んだ図形の面積は、36×36×3.14÷２＝2034.72
小数第２位を四捨五入して 2034.7(㎠)

〔別解〕選んだ図形…５　選んだ図形の面積…2119.5

説明

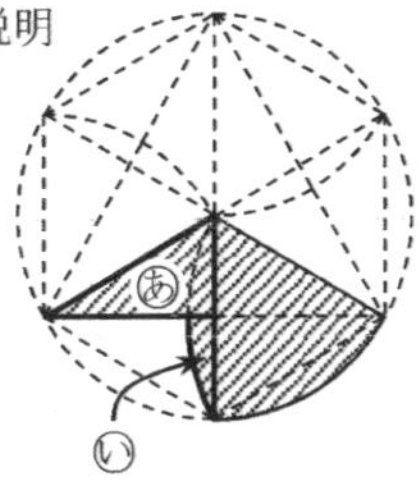

図５のぬりつぶしている部分を合同な３つの図形に分けると、１つの図形は左の図のしゃ線部分のようになる。左の図であの直角三角形といの部分を組み合わせると、円の６等分の面積の半分に等しくなるから、左の図のしゃ線部分の面積は円の$\frac{1}{6}+\frac{1}{6}\div 2=\frac{1}{4}$の面積と等しい。よって、図５のぬりつぶしている部分全体の面積は、円の$\frac{1}{4}\times 3=\frac{3}{4}$の面積と等しい。したがって、選んだ図形の面積は、$30\times 30\times 3.14\times\frac{3}{4}=2119.5$(㎠)

2 〔問題１〕(あ)日本人の出国者数も、外国人の入国者数も大きな変化がない　(い)２　(う)日本人の出国者数は大きな変化がないが、外国人の入国者数は増加した　(え)３

〔問題２〕選んだ地域…松本市　あなたの考え…多言語対応が不十分で外国人旅行者がこまっているので、多言語表記などのかん境整備をしているから。

〔問題３〕役割１…外国人旅行者にとって、日本語が分からなくても、どこに何があるかが分かるようなほ助となっている。　役割２…その場で案内用図記号を見て地図と照らし合わせることで、自分がどこにいるかが分かるようなほ助となっている。

3 〔問題１〕比べたい紙…プリント用の紙　基準にするもの…紙の面積　和紙は水を何倍吸うか…2.3

〔問題２〕選んだ紙…新聞紙　せんいの向き…Ｂ　理由…実験２の結果ではどちらの方向にも曲がっていないのでせんいの向きは判断できないが、実験３の結果より短ざくＢの方のたれ下がり方が小さいから、せんいの向きはＢ方向だと考えられる。

〔問題３〕⑴Ａ　⑵４回めのおもりの数が３回めより少ないので、なるべく紙がはがれにくくなるのりを作るために加える水の重さが、３回めの 70ｇと４回めの 100ｇの間にあると予想できるから。

《解　説》

1　〔問題１〕　イとエは，右図の太破線について線対称であり，オは図の真ん中の点について点対称だから，会話文の下線部の条件に合わない。

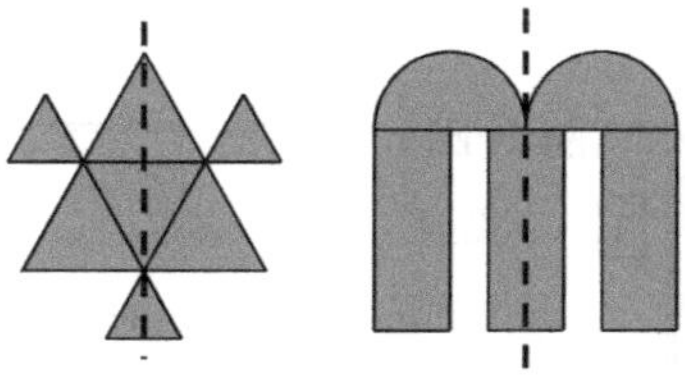

アは正五角形の中の点を中心にして，360÷５＝72(度)回転させると，もとの図形と重なり，これを５回くり返すともとの位置にもどるから，５回対称の図形である。同じように考えるとウとカは３回対称の図形とわかる。

〔問題３〕　どちらの図形もそのままの形で面積を求めようとすると，計算が複雑になるので，解答例のように面積を変えずに図形の形を変えて面積を求めるとよい。

2　〔問題１〕(あ)　2006 年から 2012 年までの間，日本人の出国者数は 1600～1800 万人前後，外国人の入国者数は 700～900 万人前後と大きな変化がない。　(い)　2012 年は，日本人の出国者数が約 1800 万人，外国人の入国者数が約 900 万人なので，日本人の出国者数は外国人の入国者数の 1800÷900＝２(倍)となる。　(う)(え)　2012 年から 2017 年までの間，日本人の出国者数は 1600～1800 万人前後と大きな変化がない。一方で，外国人の入国者数は 2012 年が約 900 万人，2017 年が約 2700 万人なので，2017 年は 2012 年の 2700÷900＝３(倍)増加している。

〔問題２〕　表３より，訪日外国人旅行者の受け入れ環境として不十分である点を読み取り，表２より，それぞれの地域ではその課題解決に向けてどんな取り組みをしているかを読み取る。解答例のほか，「高山市」を選んで，「コミュニケーションがとれなくて外国人旅行者がこまっているので，通訳案内士を養成しているから。」や，「白浜町」を選んで，「情報通信かん境が不十分で外国人旅行者がこまっているので，観光情報サイトをじゅう実させているから。」なども良い。

〔問題３〕　図７のマーク(ピクトグラム)が，日本を訪れる外国人に向けて，言葉が書かれていなくても絵で意味することがわかるようになっていることに着目しよう。ピクトグラムは，日本語のわからない人でもひと目見て何を表現しているのかわかるため，年齢や国の違いを越えた情報手段として活用されている。解答例のほか，「外国人旅行者にとって，日本語が分からなくても，撮影禁止や立入禁止などのルールが分かるようなほ助となっている。」なども良い。

3　〔問題１〕　解答例のように，プリント用の紙で，紙の面積を基準にしたときは，面積１㎠あたりで吸う水の重さを比べればよい。和紙では $0.8\div40=\frac{0.8}{40}$(g)，プリント用の紙では $0.7\div80=\frac{0.7}{80}$(g)だから，和紙はプリント用の紙より水を $\frac{0.8}{40}\div\frac{0.7}{80}=2.28\cdots\to2.3$ 倍吸うと考えられる。また，プリント用の紙で，紙の重さを基準にしたときには，重さ１gあたりで吸う水の重さを比べればよい。和紙では 0.8÷0.2＝４(g)，プリント用の紙では 0.7÷0.5＝1.4(g)だから，和紙はプリント用の紙より水を４÷1.4＝2.85…→2.9 倍吸うと考えられる。同様に考えると，新聞紙では，面積を基準にしたときには 1.9 倍，重さを基準にしたときには 1.5 倍となり，工作用紙では，面積を基準にしたときには 0.5 倍，重さを基準にしたときには 3.2 倍となる。

〔問題２〕　紙には，せんいの向きに沿って長く切られた短冊の方が垂れ下がりにくくなる性質があるから，図５で，短冊Ｂの方が垂れ下がりにくいことがわかる新聞紙のせんいの向きはＢ方向である。同様に考えれば，プリント用の紙のせんいの向きはＡ方向である。また，水にぬらしたときに曲がらない方向がせんいの向きだから，図３より，せんいの向きは，プリント用の紙はＡ方向，工作用紙はＢ方向である。どの紙について答えるときも，実験２の結果と実験３の結果のそれぞれについてふれなければいけないことに注意しよう。

〔**問題3**〕　表2では，加える水の重さが重いほどおもりの数が多くなっているので，4回めに加える水の重さを100 g にしたとき，おもりの数が 53 個より多くなるのか少なくなるのかを調べ，多くなるようであれば5回めに加える水の重さを 100 g より重くし，少なくなるようであれば5回めに加える水の重さを 70 g と 100 g の間にして実験を行えばよい。したがって，(1)はAかDのどちらかを選び，Dを選んだときには，(2)の理由を「4回めのおもりの数が3回めより多いので，なるべく紙がはがれにくくなるのりを作るために加える水の重さが4回めの 100 g より重いと予想できるから。」などとすればよい。

■ ご使用にあたってのお願い・ご注意

（1）問題文等の非掲載

著作権上の都合により，問題文や図表などの一部を掲載できない場合があります。

誠に申し訳ございませんが，ご了承くださいますようお願いいたします。

（2）過去問における時事性

過去問題集は，学習指導要領の改訂や社会状況の変化，新たな発見などにより，現在とは異なる表記や解説になっている場合があります。過去問の特性上，出題当時のままで出版していますので，あらかじめご了承ください。

（3）配点

学校等から配点が公表されている場合は，記載しています。公表されていない場合は，記載していません。

独自の予想配点は，出題者の意図と異なる場合があり，お客様が学習するうえで誤った判断をしてしまう恐れがあるため記載していません。

（4）無断複製等の禁止

購入された個人のお客様が，ご家庭でご自身またはご家族の学習のためにコピーをすることは可能ですが，それ以外の目的でコピー，スキャン，転載（ブログ，ＳＮＳなどでの公開を含みます）などをすることは法律により禁止されています。学校や学習塾などで，児童生徒のためにコピーをして使用することも法律により禁止されています。

ご不明な点や，違法な疑いのある行為を確認された場合は，弊社までご連絡ください。

（5）けがに注意

この問題集は針を外して使用します。針を外すときは，けがをしないように注意してください。また，表紙カバーや問題用紙の端で手指を傷つけないように十分注意してください。

（6）正誤

制作には万全を期しておりますが，万が一誤りなどがございましたら，弊社までご連絡ください。

なお，誤りが判明した場合は，弊社ウェブサイトの「ご購入者様のページ」に掲載しておりますので，そちらもご確認ください。

■ お問い合わせ

解答例，解説，印刷，製本など，問題集発行におけるすべての責任は弊社にあります。

ご不明な点がございましたら，弊社ウェブサイトの「お問い合わせ」フォームよりご連絡ください。迅速に対応いたしますが，営業日の都合で回答に数日を要する場合があります。

ご入力いただいたメールアドレス宛に自動返信メールをお送りしています。自動返信メールが届かない場合は，「よくある質問」の「メールの問い合わせに対し返信がありません。」の項目をご確認ください。

また弊社営業日（平日）は，午前９時から午後５時まで，電話でのお問い合わせも受け付けています。

2025 春

株式会社教英出版

〒422-8054　静岡県静岡市駿河区南安倍３丁目 12-28

TEL　054-288-2131　　FAX　054-288-2133

URL　https://kyoei-syuppan.net/

MAIL siteform@kyoei-syuppan.net

神奈川県

①[県立] 相模原中等教育学校
　　　 平塚中等教育学校
②[市立]南高等学校附属中学校
③[市立]横浜サイエンスフロンティア高等学校附属中学校
④[市立]川崎高等学校附属中学校
✿⑤聖光学院中学校
✿⑥浅野中学校
⑦洗足学園中学校
⑧法政大学第二中学校
⑨逗子開成中学校(1次)
⑩逗子開成中学校(2·3次)
⑪神奈川大学附属中学校(第1回)
⑫神奈川大学附属中学校(第2·3回)
⑬栄光学園中学校
⑭フェリス女学院中学校

新潟県

①[県立] 村上中等教育学校
　　　 柏崎翔洋中等教育学校
　　　 燕中等教育学校
　　　 津南中等教育学校
　　　 直江津中等教育学校
　　　 佐渡中等教育学校
②[市立]高志中等教育学校
③新潟第一中学校
④新潟明訓中学校

石川県

①[県立]金沢錦丘中学校
②星稜中学校

福井県

①[県立]高志中学校

山梨県

①山梨英和中学校
②山梨学院中学校
③駿台甲府中学校

長野県

①[県立] 屋代高等学校附属中学校
　　　 諏訪清陵高等学校附属中学校
②[市立]長野中学校

岐阜県

①岐阜東中学校
②鶯谷中学校
③岐阜聖徳学園大学附属中学校

静岡県

①[国立]静岡大学教育学部附属中学校(静岡·島田·浜松)
② [県立]清水南高等学校中等部
　 [県立]浜松西高等学校中等部
　 [市立]沼津高等学校中等部
③不二聖心女子学院中学校
④日本大学三島中学校
⑤加藤学園暁秀中学校
⑥星陵中学校
⑦東海大学付属静岡翔洋高等学校中等部
⑧静岡サレジオ中学校
⑨静岡英和女学院中学校
⑩静岡雙葉中学校
⑪静岡聖光学院中学校
⑫静岡学園中学校
⑬静岡大成中学校
⑭城南静岡中学校
⑮静岡北中学校
⑯ 常葉大学附属常葉中学校
　 常葉大学附属橘中学校
　 常葉大学附属菊川中学校
⑰藤枝明誠中学校
⑱浜松開誠館中学校
⑲静岡県西遠女子学園中学校
⑳浜松日体中学校
㉑浜松学芸中学校

愛知県

①[国立]愛知教育大学附属名古屋中学校
②愛知淑徳中学校
③ 名古屋経済大学市邨中学校
　 名古屋経済大学高蔵中学校
④金城学院中学校
⑤椙山女学園中学校
⑥東海中学校
⑦南山中学校男子部
⑧南山中学校女子部
⑨聖霊中学校
⑩滝中学校
⑪名古屋中学校
⑫大成中学校
⑬愛知中学校
⑭星城中学校
⑮名古屋葵大学中学校
(名古屋女子大学中学校)
⑯愛知工業大学名電中学校
⑰海陽中等教育学校(特別給費生)
⑱海陽中等教育学校(I·II)
⑲中部大学春日丘中学校
新刊⑳名古屋国際中学校

三重県

①[国立]三重大学教育学部附属中学校
②暁中学校
③海星中学校
④四日市メリノール学院中学校
⑤高田中学校
⑥セントヨゼフ女子学園中学校
⑦三重中学校
⑧皇學館中学校
⑨鈴鹿中等教育学校
⑩津田学園中学校

滋賀県

①[国立]滋賀大学教育学部附属中学校
②[県立] 河瀬中学校
　　　 守山中学校
　　　 水口東中学校

京都府

①[国立]京都教育大学附属桃山中学校
②[府立]洛北高等学校附属中学校
③[府立]園部高等学校附属中学校
④[府立]福知山高等学校附属中学校
⑤[府立]南陽高等学校附属中学校
⑥[市立]西京高等学校附属中学校
⑦同志社中学校
⑧洛星中学校
⑨洛南高等学校附属中学校
⑩立命館中学校
⑪同志社国際中学校
⑫同志社女子中学校(前期日程)
⑬同志社女子中学校(後期日程)

大阪府

①[国立]大阪教育大学附属天王寺中学校
②[国立]大阪教育大学附属平野中学校
③[国立]大阪教育大学附属池田中学校

④[府立]富田林中学校
⑤[府立]咲くやこの花中学校
⑥[府立]水都国際中学校
⑦清風中学校
⑧高槻中学校（A日程）
⑨高槻中学校（B日程）
⑩明星中学校
⑪大阪女学院中学校
⑫大谷中学校
⑬四天王寺中学校
⑭帝塚山学院中学校
⑮大阪国際中学校
⑯大阪桐蔭中学校
⑰開明中学校
⑱関西大学第一中学校
⑲近畿大学附属中学校
⑳金蘭千里中学校
㉑金光八尾中学校
㉒清風南海中学校
㉓帝塚山学院泉ヶ丘中学校
㉔同志社香里中学校
㉕初芝立命館中学校
㉖関西大学中等部
㉗大阪星光学院中学校

兵庫県

①[国立]神戸大学附属中等教育学校
②[県立]兵庫県立大学附属中学校
③雲雀丘学園中学校
④関西学院中学部
⑤神戸女学院中学部
⑥甲陽学院中学校
⑦甲南中学校
⑧甲南女子中学校
⑨灘中学校
⑩親和中学校
⑪神戸海星女子学院中学校
⑫滝川中学校
⑬啓明学院中学校
⑭三田学園中学校
⑮淳心学院中学校
⑯仁川学院中学校
⑰六甲学院中学校
⑱須磨学園中学校（第1回入試）
⑲須磨学園中学校（第2回入試）
⑳須磨学園中学校（第3回入試）
㉑白陵中学校
㉒夙川中学校

奈良県

①[国立]奈良女子大学附属中等教育学校
②[国立]奈良教育大学附属中学校
③[県立]
- 国際中学校
- 青翔中学校

④[市立]一条高等学校附属中学校
⑤帝塚山中学校
⑥東大寺学園中学校
⑦奈良学園中学校
⑧西大和学園中学校

和歌山県

①[県立]
- 古佐田丘中学校
- 向陽中学校
- 桐蔭中学校
- 日高高等学校附属中学校
- 田辺中学校

②智辯学園和歌山中学校
③近畿大学附属和歌山中学校
④開智中学校

岡山県

①[県立]岡山操山中学校
②[県立]倉敷天城中学校
③[県立]岡山大安寺中等教育学校
④[県立]津山中学校
⑤岡山中学校
⑥清心中学校
⑦岡山白陵中学校
⑧金光学園中学校
⑨就実中学校
⑩岡山理科大学附属中学校
⑪山陽学園中学校

広島県

①[国立]広島大学附属中学校
②[国立]広島大学附属福山中学校
③[県立]広島中学校
④[県立]三次中学校
⑤[県立]広島叡智学園中学校
⑥[市立]広島中等教育学校
⑦[市立]福山中学校
⑧広島学院中学校
⑨広島女学院中学校
⑩修道中学校
⑪崇徳中学校
⑫比治山女子中学校
⑬福山暁の星女子中学校
⑭安田女子中学校
⑮広島なぎさ中学校
⑯広島城北中学校
⑰近畿大学附属広島中学校福山校
⑱盈進中学校
⑲如水館中学校
⑳ノートルダム清心中学校
㉑銀河学院中学校
㉒近畿大学附属広島中学校東広島校
㉓AICJ中学校
㉔広島国際学院中学校
㉕広島修道大学ひろしま協創中学校

山口県

①[県立]
- 下関中等教育学校
- 高森みどり中学校

②野田学園中学校

徳島県

①[県立]
- 富岡東中学校
- 川島中学校
- 城ノ内中等教育学校

②徳島文理中学校

香川県

①大手前丸亀中学校
②香川誠陵中学校

愛媛県

①[県立]
- 今治東中等教育学校
- 松山西中等教育学校

②愛光中学校
③済美平成中等教育学校
④新田青雲中等教育学校

高知県

①[県立]
- 安芸中学校
- 高知国際中学校
- 中村中学校

福岡県

①［国立］福岡教育大学附属中学校（福岡·小倉·久留米）

②［県立］
- 育徳館中学校
- 門司学園中学校
- 宗像中学校
- 嘉穂高等学校附属中学校
- 輝翔館中等教育学校

③西南学院中学校
④上智福岡中学校
⑤福岡女学院中学校
⑥福岡雙葉中学校
⑦照曜館中学校
⑧筑紫女学園中学校
⑨敬愛中学校
⑩久留米大学附設中学校
⑪飯塚日新館中学校
⑫明治学園中学校
⑬小倉日新館中学校
⑭久留米信愛中学校
⑮中村学園女子中学校
⑯福岡大学附属大濠中学校
⑰筑陽学園中学校
⑱九州国際大学付属中学校
⑲博多女子中学校
⑳東福岡自彊館中学校
㉑八女学院中学校

佐賀県

①［県立］
- 香楠中学校
- 致遠館中学校
- 唐津東中学校
- 武雄青陵中学校

②弘学館中学校
③東明館中学校
④佐賀清和中学校
⑤成穎中学校
⑥早稲田佐賀中学校

長崎県

①［県立］
- 長崎東中学校
- 佐世保北中学校
- 諫早高等学校附属中学校

②青雲中学校
③長崎南山中学校
④長崎日本大学中学校
⑤海星中学校

熊本県

①［県立］
- 玉名高等学校附属中学校
- 宇土中学校
- 八代中学校

②真和中学校
③九州学院中学校
④ルーテル学院中学校
⑤熊本信愛女学院中学校
⑥熊本マリスト学園中学校
⑦熊本学園大学付属中学校

大分県

①［県立］大分豊府中学校
②岩田中学校

宮崎県

①［県立］五ヶ瀬中等教育学校

②［県立］
- 宮崎西高等学校附属中学校
- 都城泉ヶ丘高等学校附属中学校

③宮崎日本大学中学校
④日向学院中学校
⑤宮崎第一中学校

鹿児島県

①［県立］楠隼中学校
②［市立］鹿児島玉龍中学校
③鹿児島修学館中学校
④ラ・サール中学校
⑤志學館中等部

沖縄県

①［県立］
- 与勝緑が丘中学校
- 開邦中学校
- 球陽中学校
- 名護高等学校附属桜中学校

もっと過去問シリーズ

北海道

北嶺中学校
7年分（算数・理科・社会）

静岡県

静岡大学教育学部附属中学校（静岡·島田·浜松）
10年分（算数）

愛知県

愛知淑徳中学校
7年分（算数・理科・社会）
東海中学校
7年分（算数・理科・社会）
南山中学校男子部
7年分（算数・理科・社会）
南山中学校女子部
7年分（算数・理科・社会）
滝中学校
7年分（算数・理科・社会）
名古屋中学校
7年分（算数・理科・社会）

岡山県

岡山白陵中学校
7年分（算数・理科）

広島県

広島大学附属中学校
7年分（算数・理科・社会）
広島大学附属福山中学校
7年分（算数・理科・社会）
広島学院中学校
7年分（算数・理科・社会）
広島女学院中学校
7年分（算数・理科・社会）
修道中学校
7年分（算数・理科・社会）
ノートルダム清心中学校
7年分（算数・理科・社会）

愛媛県

愛光中学校
7年分（算数・理科・社会）

福岡県

福岡教育大学附属中学校（福岡·小倉·久留米）
7年分（算数・理科・社会）
西南学院中学校
7年分（算数・理科・社会）
久留米大学附設中学校
7年分（算数・理科・社会）
福岡大学附属大濠中学校
7年分（算数・理科・社会）

佐賀県

早稲田佐賀中学校
7年分（算数・理科・社会）

長崎県

青雲中学校
7年分（算数・理科・社会）

鹿児島県

ラ·サール中学校
7年分（算数・理科・社会）

※もっと過去問シリーズは国語の収録はありません。

教英出版
〒422-8054
静岡県静岡市駿河区南安倍3丁目12−28
TEL 054-288-2131
FAX 054-288-2133
詳しくは教英出版で検索
教英出版　検索
URL https://kyoei-syuppan.net/

⑥

適性検査Ⅰ

注意

1 問題は **1** のみで、**7ページ**にわたって印刷してあります。
2 検査時間は**四十五分**で、終わりは**午前九時四十五分**です。
3 声を出して読んではいけません。
4 答えは全て解答用紙に明確に記入し、**解答用紙だけを提出しなさい。**
5 答えを直すときは、きれいに消してから、新しい答えを書きなさい。
6 **受検番号**を解答用紙の決められたらんに記入しなさい。

東京都立三鷹中等教育学校

1 次の〔文章1〕と〔文章2〕を読み、あとの問題に答えなさい。

(※印の付いている言葉には本文のあとに〔注〕があります。)

〔文章1〕

ホテルマンの「俺《おれ》」は、招待状《しょうたいじょう》のあて名書きの注文をしに、自宅《じたく》で書道教室を開いている遠田《とおだ》のもとを訪《おとず》れた。夏の書道教室では、生徒たちは遠田から出された「風」というお題に取り組んでいた。ところが遠田は「なにかがたりないっていうか、堅《かた》いんだよなあ」と言うと、突然窓《とつぜんまど》をすべて開け放ったのだった。

「ほら、これが夏の風だ」

遠田がそう宣言《せんげん》するのを見はからったように、暑気《しょき》を切《さ》り裂《さ》いて※一陣《いちじん》の風が吹《ふ》き抜《ぬ》け、庭の桜の葉を、そして生徒たちの手もとの半紙を、さわさわと揺《ゆ》らした。

「どんな風だった?」

窓を閉《し》めながら遠田が尋《たず》ねると、

「ぬるかった」

「そうかな、けっこう涼《すず》しかったよ」

と生徒たちは口々《くちぐち》に答える。

「じゃ、いま感じたことを思《おも》い浮《う》かべながら、もう一度『風』って書いてみな」

遠田は再び※文机《ふみづくえ》に向かって腰《こし》を下ろした。「そういう習慣をつけときゃ、そのうち真夏にも冬の『風』を書けるようになる」

エアコンが「一からやりなおしだ」とばかりにゴウゴウと音を立てる。でも生徒たちは気を取られることなく、また涼しくなっていく部屋のなかで真剣《しんけん》に半紙に向きあい、それぞれの夏の「風」を書きはじめた。

納得《なっとく》のいく書を書きあげたものが、つぎつぎと遠田に見せにくる。最終的には生徒全員が文机のまわりに集結した。

遠田は一人一人の書を丁寧《ていねい》に眺《なが》め、

「うん、軽《かろ》やかでいい感じの風が吹いてる。この『虫』みたいな部分の角《かど》っちょは、つぎからもう少し筆を立てて書くようにしたほうがいいかもな」

「夏の蒸《む》し暑《あつ》さがよく出てるじゃねえか。だが、そこを重視《じゅうし》すぎて、二画目のハネがちょっともたついちまったな。ま、※滞留《たいりゅう》する風もたまにはあるってことで、よしとするか」

などと感想を述べつつ、各人の書に朱墨《しゅぼく》で大きく花丸を描《か》いて返した。正座《せいざ》した生徒たちは、自分以外の書の講評にも耳を傾《かたむ》け、遠田の言葉にうなずいたり笑ったりする。

素人《しろうと》の俺の目にも、窓からの風を感じたあとの生徒たちの字は生き生きと※躍動《やくどう》して見えた。もちろん、生徒たちの長机《ながづくえ》にある、遠田が手本として書いた「風」とはレベルがまるでちがう。遠田の手本は、夏の嵐《あらし》のような※猛々《たけだけ》しさを秘《ひ》めながらも、いわゆる「習字のお手本的なうまい字」だった。それに対して生徒たちの「風」は、※いびつだったり※たどたどしかったりする。

でも遠田は、手本に無理に近づけるためのアドバイスはしなかった。俺もいつしか文机ににじり寄って、生徒たちが遠田に差しだす半紙に夢中で見入った。それぞれが感じた夏の風が、思い思いの形で文字にこめられていた。まとわりつくような「風」。清涼《せいりょう》でホッと一息つける「風」。やっぱりエアコンの利《き》いた部屋のほうがいいなという「風」。

俺は感心した。なるほど、「風」という一文字だけでも、こんなに多種多様で自由なものだったのか。書道とはこんなにのびのびと気楽に取り組めるものなのか。なにより、遠田に書を褒《ほ》められ、改善点《かいぜんてん》を教えてもらう子どもたちの、誇《ほこ》らしげで楽しそうな表情といったらどうだ。

たとえや指導法に少々《しょうしょう》下品だったり※型破りではと思われるところはあるが、遠田は書道教室の先生として、やはり※逸材《いつざい》なのだろうと察せられた。書家としてのレベルは、俺にはよくわからない。ただ、手本の文字が力強く※端整《たんせい》で、目を惹《ひ》かれるものなのはたしかだ。

（三浦《みうら》しをん「墨《すみ》のゆらめき」新潮社刊による）

〔注〕

※一陣《いちじん》の風――ひとしきり激《はげ》しく吹《ふ》く風。

※文机《ふみづくえ》――読み書きをする机《つくえ》。

※滞留《たいりゅう》――物事がとどこおること。

※躍動《やくどう》――元気にはつらつと動くこと。

※猛々《たけだけ》しさ――力強いさま。

※いびつ――形がゆがんでいること。

※たどたどしかったり――まだ慣れていないために、言葉や動作がなめらかではなかったり。

※型破り――考えや行動がふつうとはちがっていること。

※逸材《いつざい》――すぐれた才能。また、それをもつ人。

※端整《たんせい》――すがたかたちが整っていること。

〔文章2〕

朱莉《あかり》は、買い物をしていても、店員さんから声をかけられないことがあり、それは自分が地味だからではないかと思い、しょんぼりしていた。そんな時に通りかかったカフェの前に「自信が持てるあんバタートースト」という看板《かんばん》が出ていたのに目が引き寄せられ、思い切ってドアを開けて入ってみた。そして店主のそろりさんに、さっそく「あんバタートースト」を注文してみた。

お詫び
著作権上の都合により、文章は掲載しておりません。
ご不便をおかけし、誠に申し訳ございません。
教英出版

お詫び

著作権上の都合により、文章は掲載しておりません。
ご不便をおかけし、誠に申し訳ございません。

教英出版

お詫び

著作権上の都合により、文章は掲載しておりません。
ご不便をおかけし、誠に申し訳ございません。

教英出版

お詫び

著作権上の都合により、文章は掲載しておりません。
ご不便をおかけし、誠に申し訳ございません。

教英出版

お詫び

著作権上の都合により、文章は掲載しておりません。
ご不便をおかけし、誠に申し訳ございません。

教英出版

（標野《しめの》凪《なぎ》「こんな日は喫茶《きっさ》ドードーで雨宿《あまやど》り。」による）

〔注〕

※そそくさと――落ち着かないさま。

※鉄板――そのとおりにすると成功が確実だとされている方法。

※効能――効《き》きめ。はたらき。

※コスメ――化粧品全般《けしょうひんぜんぱん》。

※米麹《こめこうじ》――お米に、食品の発酵《はっこう》に有効な微生物《びせいぶつ》を付けて増加させたもの。

※ホームベーカリー――家庭でパンを作るための調理器。

※至極《しごく》――きわめて。まったく。

※無下《むげ》に――そっけなく。

※蔓《つる》――メガネの、耳にかける部分。

※まごついている――どうしてよいか分からなくて困《こま》っている。

※画一的《かくいってき》――どれもこれも同じで、かわりばえのしないようす。

〔問題1〕〔文章1〕に「窓からの風を感じたあとの生徒たちの字は生き生きと※躍動《やくどう》して見えた。」とあるが、それはなぜか。三十五字以上四十五字以内で説明しなさい。

〔問題2〕〔文章2〕に「自信が持てるあんバタートースト」とあるが、そろりさんはなぜこのメニューに「自信が持てるあんバタートースト」という名前を付けたのか。そろりさんの意図を想像して、以下の空らんにあてはまるように六十字以上七十字以内で説明しなさい。

（　　　　）というメッセージをお客さんに伝えるため。

〔問題3〕あなたは、人が自信をもって生きていくためには、周囲の人とどのような関わりをもつことが必要だと考えますか。〔文章1〕〔文章2〕の内容をふまえて、三百六十字以上四百字以内で、具体例を挙げて説明しなさい。

〈きまり〉

○題名は書きません。

○最初の行から書き始めます。

○段落《だんらく》を設けず、一ますめから書きなさい。

○　、　や　。　や　」などもそれぞれ字数に数えます。これらの記号が行の先頭に来るときには、前の行の最後の字と同じますめに書きます。

○　。と」が続く場合には、同じますめに書きます。この場合、。」で一字と数えます。

適性検査Ⅱ

注　　意

1　問題は 1 から 3 までで、１２ページにわたって印刷してあります。

2　検査時間は**４５分**で、終わりは**午前１１時００分**です。

3　声を出して読んではいけません。

4　計算が必要なときは、この問題用紙の余白を利用しなさい。

5　答えは全て解答用紙に明確に記入し、**解答用紙だけを提出しなさい。**

6　答えを直すときは、きれいに消してから、新しい答えを書きなさい。

7　**受検番号**を解答用紙の決められたらんに記入しなさい。

東京都立三鷹中等教育学校

問題は次のページからです。

1　**みつこ**さんと**たかお**さんは、学校行事として行われる「**グリーンウォーク**」について話をしています。

みつこ：今度、「**グリーンウォーク**」というウォーキングイベントがあるけれど、どのようなコースを歩くのかな。

たかお：教室にポスターがはってあったから、一緒《いっしょ》に見てみよう（**資料１**）。

資料１　「**グリーンウォーク**」のポスター

Ａ駅からＧ学校まで１２ｋｍの道のりを歩くウォーキングイベント！

第１５回　グリーンウォーク

<コース>　次の合計１２ｋｍのコースを４、５人のグループで歩きます。

スタート A駅 —2. 4km— チェックポイント B公園 —1. 8km— チェックポイント C駅 —1. 2km— チェックポイント D公園 —3. 6km— チェックポイント E橋 —1. 8km— チェックポイント F広場 —1. 2km— ゴール G学校

<時　間>　９時にスタートを出発します。１３時までにはゴールに到着《とうちゃく》しましょう。

<企《き》　画《かく》>　三つの企画があります。

企画１ スタートを出発してから「ゴールに到着するまでにかかった時間」を競《きそ》います。	企画２ 地域《ちいき》に関するクイズに挑戦《ちょうせん》し、「クイズの正答数」を競います。	企画３ イベント中に見つけた鳥の写真をとり、「見つけた鳥の種類の数」を競います。

・三つの企画の結果から総合順位を決めて、表彰《ひょうしょう》を行います。
・ゴールに到着した人には手作りのメダルをプレゼントします。

<注　意>　休憩《きゅうけい》をとる場合はチェックポイントでとりましょう。

みつこ：１２ｋｍもの長い道のりを歩いて、１３時までにゴールに到着《とうちゃく》する必要があるのだね。

たかお：１３時までにゴールに到着できるように、計画を考えておこうよ。

みつこ：まず、ゴールに到着する時刻《じこく》を決めよう。

たかお：１３時ちょうどに到着するように計画してしまうと、その計画から少しでもおくれたら１３時に間に合わなくなってしまうよね。

みつこ：余裕《よゆう》をもって<u>１２時４０分にゴールに到着する</u>ことにしよう。

たかお：休憩《きゅうけい》する場所や休憩する時間も決めておこうよ。

みつこ：チェックポイントは全部で五つあるから、第三のチェックポイントであるＤ公園で休憩するのはどうかな。

たかお：Ｄ公園に１１時に到着し、そこで２０分間休憩することにしよう。

みつこ：Ａ駅からＤ公園まで歩くときと、Ｄ公園からＧ学校まで歩くときは、それぞれ一定の速さで歩くことにしよう。

たかお：この計画どおりに歩くためには、他のチェックポイントをいつ通過すればよいのだろう。

みつこ：計画どおりに歩くときの「時刻と位置の関係」を表したグラフがあれば、他のチェックポイントを通過する時刻が分かるよね。

たかお：休憩するチェックポイント以外では歩き続けると考えることにして、「時刻と位置の関係」をグラフに表してみよう（**資料2**）。

資料2　「時刻と位置の関係」を表したグラフ

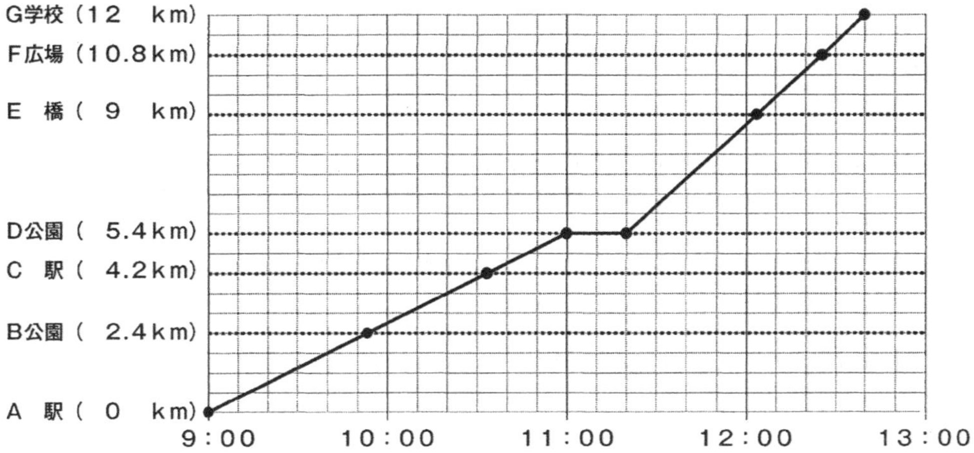

たかお：これで、チェックポイントを通過する時刻が分かるね。

みつこ：グラフを見て分かったけれど、A駅からD公園まで歩くときと、D公園からG学校まで歩くときでは、歩く速さが異《こと》なるね。

たかお：歩く速さは、D公園からG学校まで歩くときの方が速いけれど、後半に速く歩くのは大変かもしれないね。

みつこ：それならば、歩くときには、いつでも同じ速さで歩く計画にしよう。

たかお：1回に20分間休憩するのは長いから、一つのチェックポイントで20分間休憩するのではなく、二つのチェックポイントで10分間ずつ休憩することにしよう。

みつこ：五つのチェックポイントから休憩する場所を二つ決めて計画を考えよう。

〔問題1〕　下線部の条件を全て満たすように計画を考え、その計画どおりに歩くときの「時刻と位置の関係」を表したグラフを解答用紙の**図**にかきなさい。ただし、解答用紙の**図**のめもりは等間かくとします。

みつこさんと**たかお**さんは、**先生**が「**グリーンウォーク**」のためにメダルを作っていることを知り、それを手伝うことにしました。

みつこ：先生、私《わたし》たちもメダルを作ります。

先　生：ありがとうございます。この手順で作ってもらえますか（**資料3**）。

資料３　メダルを作る手順

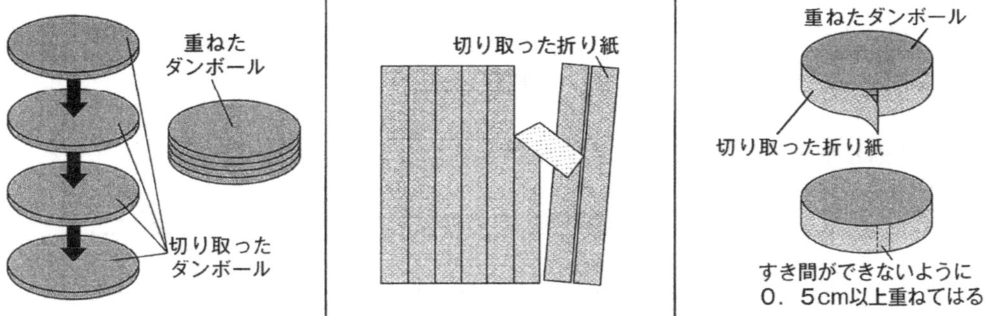

＜手順１＞

ダンボールを直径６ｃｍの円の形に切り取る。切り取ったダンボールを４枚《まい》重ねてはる。

＜手順２＞

１辺１５ｃｍの正方形の折り紙を縦《たて》に八等分に切り取る。

＜手順３＞

重ねたダンボールの側面に、切り取った折り紙を巻《ま》く。すき間ができないように0.5cm以上重ねてはる。

（注意１）　切り取った折り紙は、さらに短く切ったり、別の切り取った折り紙とつなげたりしてもよい。
（注意２）　切り取った折り紙をつなげるときは、折り紙どうしを０．５ｃｍ以上重ねてはる。

先　生：**手順３**のように、重ねたダンボールの厚さは、切り取った折り紙のはばと同じになっています。

たかお：あと何個のメダルを作るのですか。

先　生：少なくともあと１００個は作りたいと考えています。

みつこ：いま、直径６ｃｍの円の形に切り取ったダンボールはメダルを１００個作るために十分な枚数《まいすう》があるけれど、折り紙は１辺１５ｃｍの正方形の折り紙が１６枚しか残っていないね。

たかお：この残りの材料でメダルを１００個以上作ることができるのかな。

〔問題２〕　**資料３**をもとに、残りの材料でメダルを１００個以上作ることができるかできないかを考え、◯ で囲みなさい。また、そのように判断する理由を、言葉と計算式を使って説明しなさい。ただし、円周率は３．１４とします。

みつこさんと**たかお**さんは、**「グリーンウォーク」**の総合順位の決め方について興味をもち、それについて**先生**と話をしています。

先　生：**「グリーンウォーク」**は、毎年、同じコースと時間で行われており、「ゴールに到着するまでにかかった時間」、「クイズの正答数」、「見つけた鳥の種類の数」によって総合順位を決めます。

たかお：三つの企画《きかく》の結果からどのようにして総合順位を決めるのですか。

先　生：昨年の決め方は、「各企画の順位をその企画の得点とし、その得点の合計が小さいチームから第１位、第２位、……とする方法」でした。

みつこ：昨年の決め方を理解するために、昨年のデータからいくつかのチームの結果を取り出して、その総合順位を考えてみよう（**資料４**）。

資料４　昨年のデータから取り出した３チームの各企画の結果と総合順位

＜各企画の結果＞　**＜総合順位＞**

	企画１ ゴールに到着するまでにかかった時間	企画２ クイズの正答数	企画３ 見つけた鳥の種類の数	企画１ 得点 （順位）	企画２ 得点 （順位）	企画３ 得点 （順位）	得点の合計	総合順位
Ａチーム	３時間４５分	８問	８種類	３	２	１	６	２位
Ｂチーム	３時間	１０問	０種類	１	１	３	５	１位
Ｃチーム	３時間２０分	７問	４種類	２	３	２	７	３位

たかお：Ｂチームは「見つけた鳥の種類の数」が「０種類」でも総合順位が第１位になってしまうね。

先　生：昨年もそのことを指摘《してき》する意見がありました。そこで、新しい総合順位の決め方を考えたいと思っているのですが、よい案はありますか。

みつこさんと**たかお**さんは、総合順位の決め方の案を考えました（**資料５**）。

資料５　総合順位の決め方の案

＜みつこさんの案＞

①　各企画について、得点の基準を以下のように定める。

得点＼企画	企画１ ゴールに到着するまでにかかった時間	企画２ クイズの正答数	企画３ 見つけた鳥の種類の数
５	１８０分未満	９問以上	５種類以上
４	１８０分以上１９５分未満	７、８問	４種類
３	１９５分以上２１０分未満	５、６問	３種類
２	２１０分以上２２５分未満	３、４問	２種類
１	２２５分以上２４０分未満	１、２問	１種類
０	２４０分以上	０問	０種類

②　①の基準に従《したが》って、各チームの各企画における得点を決める。

③　②の得点の合計が大きいチームから第１位、第２位、……とする。

＜たかおさんの案＞

①　「（Ａ駅からＧ学校までの道のり）÷（ゴールに到着するまでにかかった時間）」を計算して、「１時間あたりに進んだ道のり」を求め、それを企画１の結果とする。

②　各企画の結果について、最も高い数値《すうち》をもとにする量としたときの各チームの数値の割合《わりあい》を求め、求めた割合をその企画の得点とする。

③　②の得点の合計が大きいチームから第１位、第２位、……とする。

みつこ：どの総合順位の決め方がよいのかな。

〔問題３〕　**資料４**の昨年のデータから取り出した３チームの各企画の結果について、**資料５**の**みつこさんの案**の決め方をもとに解答用紙の**表１**を、**たかおさんの案**の決め方をもとに解答用紙の**表２**をそれぞれ完成させなさい。また、あなたが「**グリーンウォーク**」の参加者ならば、**昨年の決め方**、**みつこさんの案**、**たかおさんの案**のうち、どの総合順位の決め方がよいかを一つ選んで◯で囲み、選んだ理由を説明しなさい。

2 **花子**さんと**太郎**《たろう》さんは、休み時間に**先生**と交通手段《しゅだん》の選び方について話をしています。

花　子：家族と祖父母の家に行く計画を立てているときに、いくつか交通手段があることに気がつきました。

太　郎：主な交通手段といえば、鉄道やバス、航空機などがありますね。私《わたし》たちは、目的地までのきょりに応じて交通手段を選んでいると思います。

花　子：交通手段を選ぶ判断材料は、目的地までのきょりだけなのでしょうか。ほかにも、交通手段には、さまざまな選び方があるかもしれません。

先　生：よいところに気がつきましたね。実は、**太郎**さんが言ってくれた目的地までのきょりに加えて、乗りかえのしやすさなども、交通手段を選ぶときに参考にされています。

太　郎：人々《ひとびと》は、さまざまな要素から判断して交通手段を選んでいるのですね。

花　子：実際に移動するときに、人々がどのような交通手段を選んでいるのか気になります。同じ地域《ちいき》へ行くときに、異《こと》なる交通手段が選ばれている例はあるのでしょうか。

先　生：それでは例として、都道府県庁《とどうふけんちょう》のあるA、B、C、Dという地域について取り上げてみましょう。**図1**を見てください。これは、AからB、C、Dへの公共交通機関の利用割合《わりあい》を示したものです。

図1　AからB、C、Dへの公共交通機関の利用割合《わりあい》

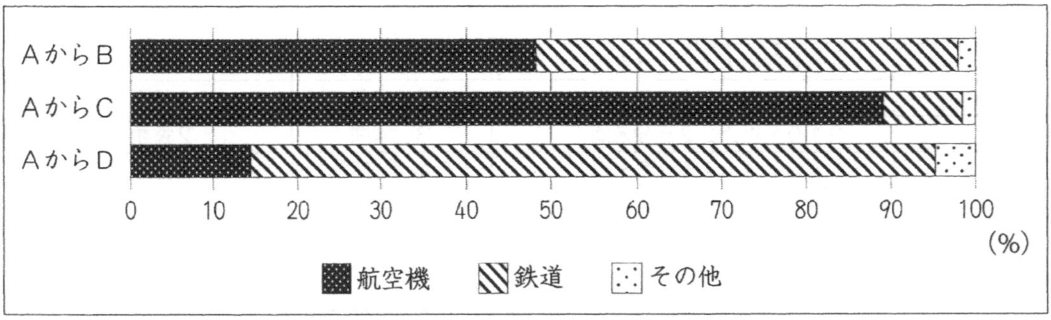

（第6回（２０１５年度）全国幹線旅客純流動調査《ぜんこくかんせんりょかくじゅんりゅうどうちょうさ》より作成）

太　郎：**図1**を見ると、AからB、AからC、AからDのいずれも、公共交通機関の利用割合は、ほとんどが航空機と鉄道で占《し》められていますね。目的地によって、航空機と鉄道の利用割合が異なることは分かりますが、なぜこれほどはっきりとしたちがいが出るのでしょうか。

先　生：それには、交通手段ごとの所要時間が関係するかもしれませんね。航空機は、出発前に荷物の検査など、さまざまな手続きが必要なため、待ち時間が必要です。鉄道は、主に新幹線を使うと考えられます。新幹線は、荷物の検査など、さまざまな手続きが必要ないため、出発前の待ち時間がほとんど必要ありません。

花　子：そうなのですね。ほかにも、移動のために支はらう料金も交通手段を選ぶ際の判断材料になると思います。

解答用紙　適性検査Ⅰ

1

〔問題1〕20点

45

35

40　20

〔問題2〕30点

70

というメッセージをお客さんに伝えるため。

60　20

〔問題3〕50点

20

受検番号

得点
※

※のらんには何も記入しないこと

※100点満点

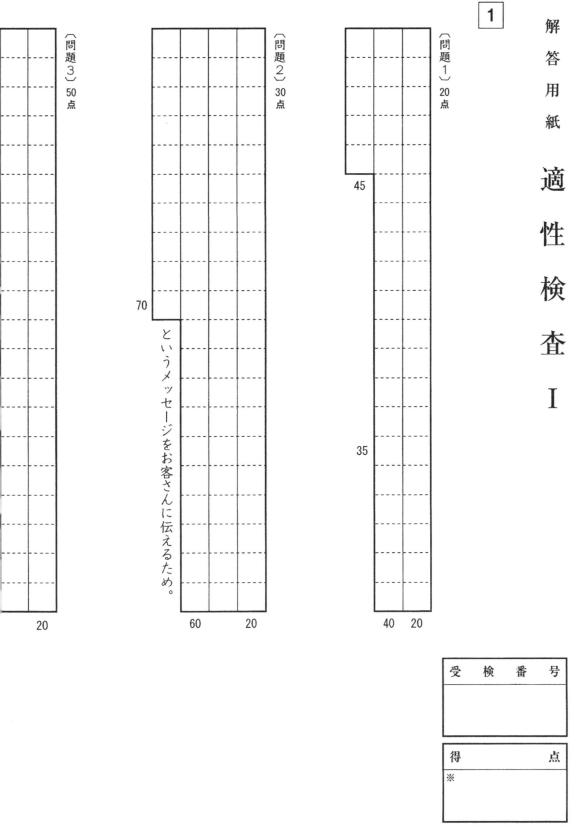

解　答　用　紙　　適　性　検　査　Ⅱ

※100点満点

受　検　番　号

得　　　　点
※

※のらんには、記入しないこと

1

〔問題１〕 10点

図

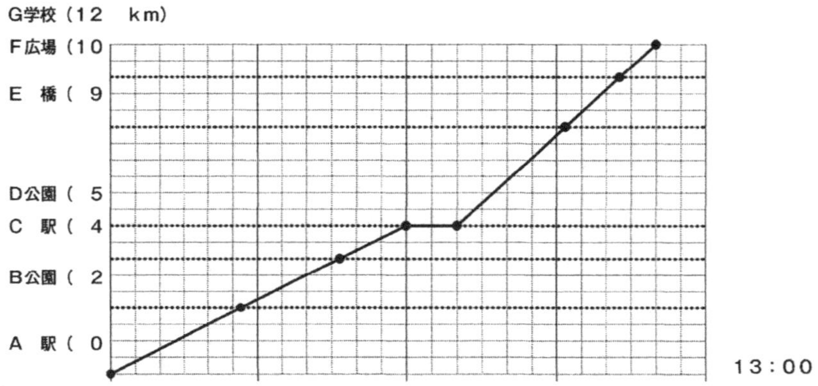

※

〔問題２〕 15点

メダルを１００個以上作ることが［　できる　・　できない　］

〔説明〕

※

〔問題３〕 15点

表１	企《き》画《かく》1 得点	企画２ 得点	企画３ 得点	得点の合計	総合順位
Ａチーム					位
Ｂチーム					位
Ｃチーム					位

表２	企画１ １時間あたりに進んだ道のり	得点	企画２ クイズの正答数	得点	企画３ 見つけた鳥の種類の数	得点	得点の合計	総合順位
Ａチーム	ｋｍ		８問		８種類			位
Ｂチーム	ｋｍ		１０問		０種類			位
Ｃチーム	ｋｍ		７問		４種類			位

〔あなたが選ぶ決め方〕**昨年の決め方・みつこさんの案・たかおさんの案**

〔理由〕

※

2

〔問題１〕15点

（選んだ一つを○で囲みなさい。） ＡからＣ　　　ＡからＤ

※

〔問題２〕15点

〔「ふれあいタクシー」の取り組みが必要になった理由〕
〔「ふれあいタクシー」導入の効果〕

※

3

〔問題１〕12点

※

〔問題２〕18点

〔組み合わせ〕

〔理由〕

※

400　360　300　200　100

太　郎：**図1**のAからB、C、Dへの移動について、具体的に調べてみたいですね。

花　子：それでは、出発地と到着《とうちゃく》地《ち》をそれぞれの都道府県庁に設定して、Aにある都道府県庁からB、C、Dにある都道府県庁まで、主に航空機と鉄道をそれぞれ使って移動した場合の所要時間と料金を調べてみましょう。

先　生：空港や鉄道の駅は、都道府県庁から最も近い空港や鉄道の駅を調べるとよいですよ。

花子さんと**太郎**さんは、インターネットを用いて、Aにある都道府県庁からB、C、Dにある都道府県庁まで、主に航空機と鉄道をそれぞれ使って移動した場合の所要時間と料金を調べ、**表1**にまとめました。

表1　Aにある都道府県庁《とどうふけんちょう》からB、C、Dにある都道府県庁まで、主に航空機と鉄道をそれぞれ使って移動した場合の所要時間と料金

	主な交通手段《こうつうしゅだん》	*所要時間	料金
Aにある都道府県庁から Bにある都道府県庁	航空機	2時間58分 （1時間15分）	28600円
	鉄道	4時間26分 （3時間12分）	18740円
Aにある都道府県庁から Cにある都道府県庁	航空機	3時間7分 （1時間35分）	24070円
	鉄道	6時間1分 （4時間28分）	22900円
Aにある都道府県庁から Dにある都道府県庁	航空機	3時間1分 （1時間5分）	24460円
	鉄道	3時間44分 （2時間21分）	15700円

*待ち時間をふくめたそれぞれの都道府県庁《とどうふけんちょう》間の移動にかかる所要時間。かっこ内は、「主な交通手段《こうつうしゅだん》」を利用している時間。

（第6回（2015年度）全国幹線旅客純流動調査《ぜんこくかんせんりょかくじゅんりゅうどうちょうさ》などより作成）

花　子：私たちは、交通手段の所要時間や料金といった判断材料を用いて、利用する交通手段を選んでいるのですね。

〔問題1〕　**花子**さんは「私たちは、交通手段の所要時間や料金といった判断材料を用いて、利用する交通手段を選んでいるのですね。」と言っています。**図1**中のAからC、またはAからDのどちらかを選び、その選んだ公共交通機関の利用割合とAからBの公共交通機関の利用割合を比べ、選んだ公共交通機関の利用割合がなぜ**図1**のようになると考えられるかを**表1**と会話文を参考にして答えなさい。なお、解答用紙の決められた場所にどちらを選んだか分かるように○で囲みなさい。

太　郎：目的地までの所要時間や料金などから交通手段を選んでいることが分かりました。

花　子：そうですね。しかし、地域によっては、自由に交通手段を選ぶことが難《むずか》しい場合もあるのではないでしょうか。

先　生：どうしてそのように考えたのですか。

花　子：私の祖父母が暮《く》らしているＥ町では、路線バスの運行本数が減少しているという話を聞きました。

太　郎：なぜ生活に必要な路線バスの運行本数が減少してしまうのでしょうか。Ｅ町に関係がありそうな資料について調べてみましょう。

太郎さんと**花子**さんは、**先生**といっしょにインターネットを用いて、Ｅ町の路線バスの運行本数や人口推移《すいい》について調べ、**表２**、**図２**にまとめました。

表２　Ｅ町における路線バスの平日一日あたりの運行本数の推移《すいい》

年度	2011	2012	2013	2014	2015	2016	2017	2018	2019	2020	2021
運行本数	48	48	48	48	48	48	34	34	32	32	32

（令和２年地域公共交通網形成計画《ちいきこうきょうこうつうもうけいせいけいかく》などより作成）

図２　Ｅ町の人口推移《すいい》

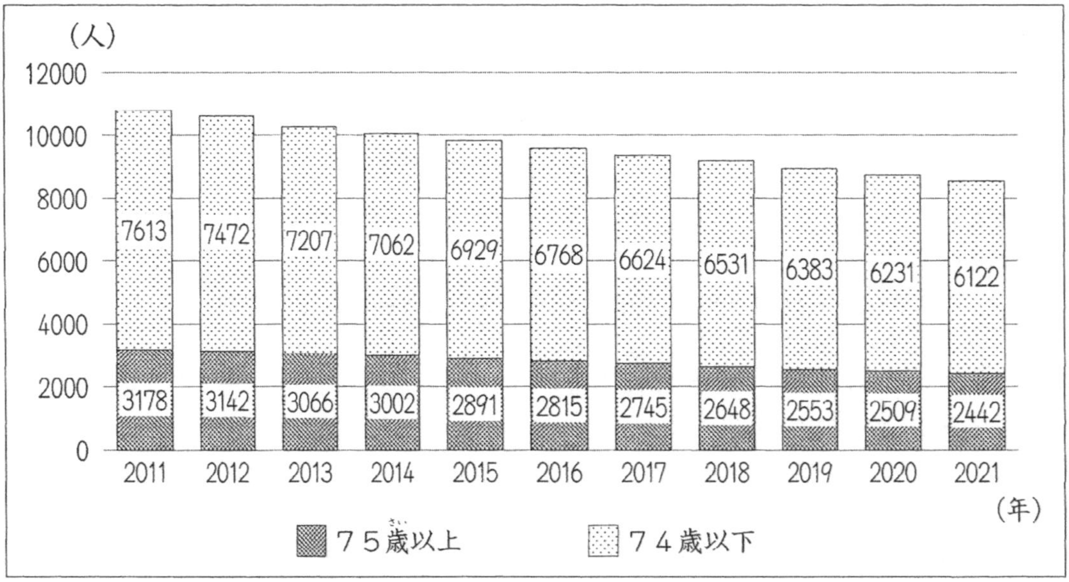

（住民基本台帳より作成）

花　子：**表２**、**図２**を読み取ると、Ｅ町の路線バスの運行本数や人口に変化があることが分かりますね。調べる中で、Ｅ町は「ふれあいタクシー」の取り組みを行っていることが分かりました。この取り組みについて、さらにくわしく調べてみましょう。

花子さんと**太郎**さんは、インターネットを用いて、E町の「ふれあいタクシー」の取り組みについて調べ、**図3**、**表3**にまとめました。

図3　E町の「ふれあいタクシー」の取り組みについてまとめた情報

補助《ほじょ》対象者・利用者	①７５歳《さい》以上の人 ②７５歳未満で運転免許証《うんてんめんきょしょう》を自主的に返納《へんのう》した人 ③妊婦《にんぷ》などの特別に町長が認《みと》めた人　　など
「ふれあいタクシー」の説明	自宅《じたく》から町内の目的地まで運んでくれる交通手段《しゅだん》であり、E町では２０１７年から導入された。利用するためには、利用者証の申請《しんせい》が必要である。２０２３年現在、町民一人あたり１か月に２０回以内の利用が可能で、一定額をこえたタクシー運賃《うんちん》を町が負担《ふたん》する。

（令和２年地域公共交通網形成計画《ちいきこうきょうこうつうもうけいせいけいかく》などより作成）

表3　E町の「ふれあいタクシー」利用者証新規交付数・*累計《るいけい》交付数の推移《すいい》

年度	２０１７	２０１８	２０１９	２０２０	２０２１
利用者証新規交付数	８７２	８６３	２１０	２８５	９５
利用者証累計交付数	８７２	１７３５	１９４５	２２３０	２３２５

*累計《るいけい》：一つ一つ積み重ねた数の合計。

（令和２年地域公共交通網形成計画《ちいきこうきょうこうつうもうけいせいけいかく》などより作成）

先　生：興味深いですね。調べてみて、ほかに分かったことはありますか。

太　郎：はい。２０２１年においては、「ふれあいタクシー」の利用者証を持っている人のうち、９０％近くが７５歳《さい》以上の人で、全体の利用者も、９０％近くが７５歳以上です。利用者の主な目的は、病院や買い物に行くことです。また、利用者の９０％近くが「ふれあいタクシー」に満足しているという調査結果が公表されています。

花　子：「ふれあいタクシー」は、E町にとって重要な交通手段の一つになったのですね。

太　郎：そうですね。E町の「ふれあいタクシー」導入の効果について考えてみたいですね。

〔問題２〕　**太郎**さんは「E町の「ふれあいタクシー」導入の効果について考えてみたいですね。」と言っています。E町で「ふれあいタクシー」の取り組みが必要になった理由と、「ふれあいタクシー」導入の効果について、**表2**、**図2**、**図3**、**表3**、会話文から考えられることを説明しなさい。

3 花子さんと太郎《たろう》さんがまさつについて話をしています。

花　子：生活のなかで、すべりにくくする工夫《くふう》がされているものがあるね。

太　郎：**図1**のように、ペットボトルのキャップの表面に縦《たて》にみぞがついているものがあるよ。手でキャップを回すときにすべりにくくするためなのかな。

図1　ペットボトル

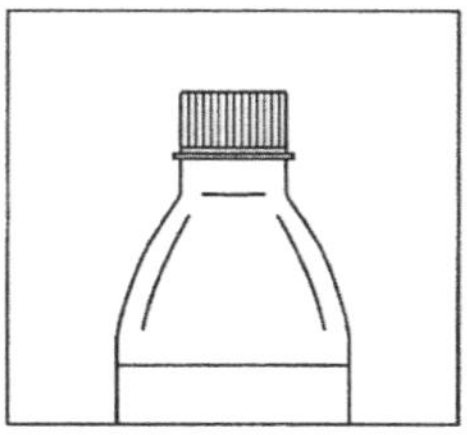

花　子：プラスチックの板を使って調べてみよう。

二人は、次のような**実験1**を行いました。

実験1

手順1　1辺が7ｃｍの正方形の平らなプラスチックの板を何枚《まい》か用意し、**図2**のようにそれぞれ糸をつける。

図2　手順1の板

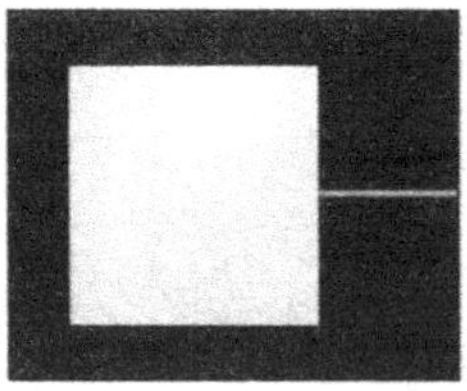

手順2　机《つくえ》の上にフェルトの布を固定し、その上に正方形のプラスチックの板を置く。

手順3　プラスチックの板の上に７５０ｇの金属をのせる。

手順4　同じ重さのおもりをいくつか用意する。**図3**のように、糸の引く方向を変えるために机に表面がなめらかな金属の丸い棒《ぼう》を固定し、プラスチックの板につけた糸を棒の上に通して、糸のはしにおもりをぶら下げる。おもりの数を増やしていき、初めてプラスチックの板が動いたときのおもりの数を記録する。

図3　手順4の様子

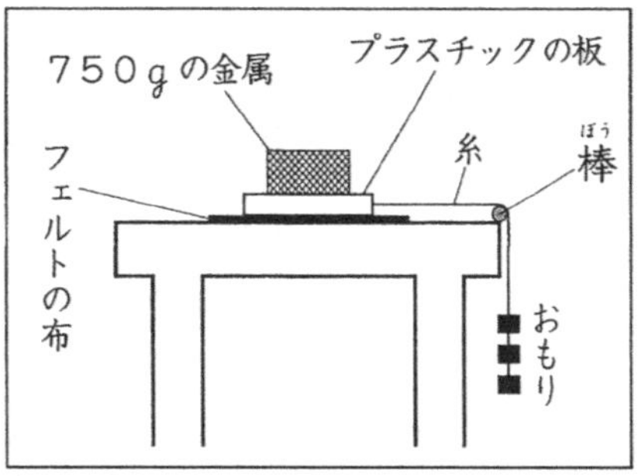

手順5　手順3の金属を１０００ｇの金属にかえて、手順4を行う。

手順6　**図4**のように、手順1で用意したプラスチックの板に、みぞをつける。みぞは、糸に対して垂直《すいちょく》な方向に０．５ｃｍごとにつけることとする。

図4　手順6の板

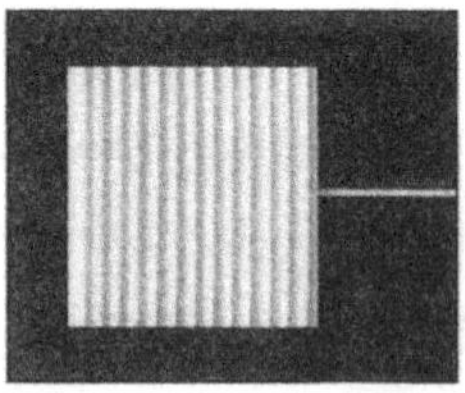

手順7　手順6で作ったプラスチックの板を、みぞをつけた面を下にして手順2～手順5を行い、記録する。

手順8　**図5**のように、手順1で用意したプラスチックの板に、みぞをつける。みぞは、糸に対して平行な方向に０．５ｃｍごとにつけることとする。

図5　手順8の板

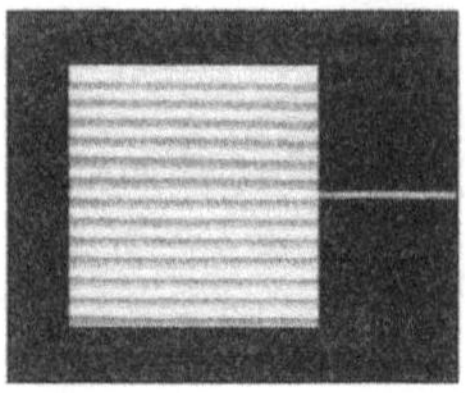

手順9　手順8で作ったプラスチックの板を、みぞをつけた面を下にして手順2～手順5を行い、記録する。

実験１の結果は、**表１**のようになりました。

表１　実験１の結果

	手順１の板	手順６の板	手順８の板
７５０ｇの金属をのせて調べたときのおもりの数（個）	１４	１９	１３
１０００ｇの金属をのせて調べたときのおもりの数（個）	１８	２５	１７

太　郎：手でペットボトルのキャップを回すときの様子を調べるために、机の上にフェルトの布を固定して実験したのだね。

花　子：ペットボトルのキャップを回すとき、手はキャップをつかみながら回しているよ。

〔問題１〕　手でつかむ力が大きいときでも小さいときでも、**図１**のように、表面のみぞの方向が回す方向に対して垂直《すいちょく》であるペットボトルのキャップは、すべりにくくなると考えられます。そう考えられる理由を、**実験１**の結果を使って説明しなさい。

太　郎：そりで同じ角度のしゃ面をすべり下りるとき、どのようなそりだと速くすべり下りることができるのかな。

花　子：しゃ面に接する面積が広いそりの方が速くすべり下りると思うよ。

太　郎：そうなのかな。重いそりの方が速くすべり下りると思うよ。

花　子：しゃ面に接する素材によっても速さがちがうと思うよ。

太　郎：ここにプラスチックの板と金属の板と工作用紙の板があるから、まず面積を同じにして調べてみよう。

二人は、次のような**実験２**を行いました。

実験２

手順１　**図６**のような長さが約１００ｃｍで上側が平らなアルミニウムでできたしゃ面を用意し、水平な机《つくえ》の上でしゃ面の最も高いところが机から約４０ｃｍの高さとなるように置く。

図６　しゃ面

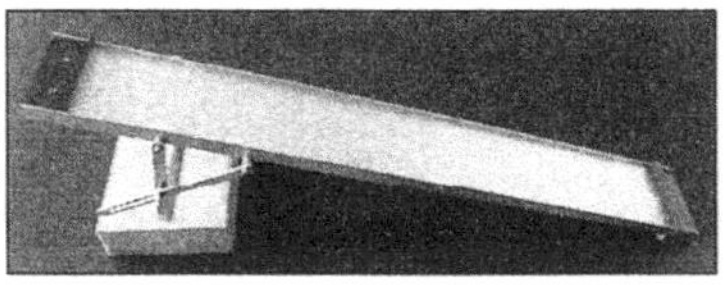

手順２　**図７**のような１辺が１０ｃｍの正方形のア～ウを用意し、重さをはかる。そして、それぞれしゃ面の最も高いところに置いてから静かに手をはなし、しゃ面の最も低いところまですべり下りる時間をはかる。ただし、工作用紙の板は、ますがかかれている面を上にする。

図７　ア～ウ

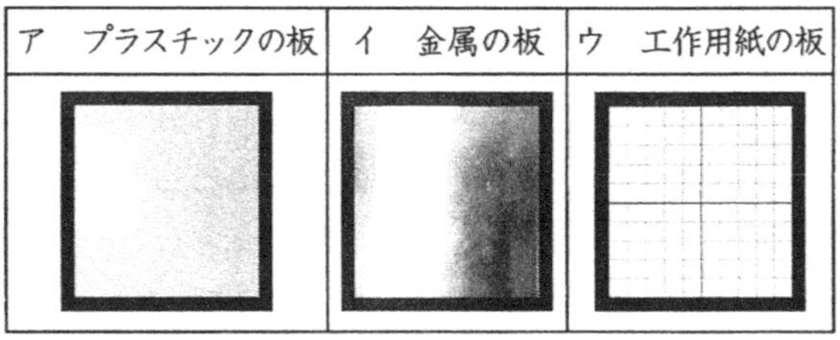

実験２の結果は、**表２**のようになりました。

表２　**実験２**の結果

	ア　プラスチックの板	イ　金属の板	ウ　工作用紙の板
面積（ｃｍ^2）	１００	１００	１００
重さ（ｇ）	５.２	２６.７	３.７
すべり下りる時間（秒）	１.４	０.９	１.８

太　郎：速くすべり下りるには、重ければ重いほどよいね。

花　子：本当にそうなのかな。プラスチックの板と金属の板と工作用紙の板をそれぞれ１枚《まい》ずつ積み重ねて調べてみよう。

二人は、次のような**実験3**を行いました。

実験3

手順1　**実験2**の手順1と同じしゃ面を用意する。

手順2　**実験2**の手順2で用いたプラスチックの板と金属の板と工作用紙の板を、それぞれ6枚ずつ用意する。それらの中からちがう種類の板、合計3枚を**図8**のように積み重ねて、板の間を接着ざいで接着したものを作り、1号と名前をつける。さらに、3種類の板を1枚ずつ順番をかえて積み重ねて、1号を作ったときに使用した接着ざいと同じ重さの接着ざいで接着したものを五つ作り、それぞれ2号～6号と名前をつける。ただし、積み重ねるとき、工作用紙の板は、ますがかかれている面が上になるようにする。

手順3　1号～6号を、積み重ねた順番のまま、それぞれしゃ面の最も高いところに置いてから静かに手をはなし、しゃ面の最も低いところまですべり下りる時間をはかる。

図8　板を積み重ねた様子

ア	プラスチックの板
イ	金属の板
ウ	工作用紙の板

実験3の結果は、**表3**のようになりました。ただし、アはプラスチックの板、イは金属の板、ウは工作用紙の板を表します。また、A、B、Cには、すべり下りる時間（秒）の値《あたい》が入ります。

表3　**実験3**の結果

	1号	2号	3号	4号	5号	6号
積み重ねたときの一番上の板	ア	ア	イ	イ	ウ	ウ
積み重ねたときのまん中の板	イ	ウ	ア	ウ	ア	イ
積み重ねたときの一番下の板	ウ	イ	ウ	ア	イ	ア
すべり下りる時間（秒）	1.8	A	1.8	B	C	1.4

〔問題2〕　**実験3**において、1号～6号の中で、すべり下りる時間が同じになると考えられる組み合わせがいくつかあります。1号と3号の組み合わせ以外に、すべり下りる時間が同じになると考えられる組み合わせを一つ書きなさい。また、すべり下りる時間が同じになると考えた理由を、**実験2**では同じでなかった条件のうち**実験3**では同じにした条件は何であるかを示して、説明しなさい。

⑤

適性検査Ⅰ

注意

1 問題は 1 のみで、**6ページ**にわたって印刷してあります。
2 検査時間は**四十五分**で、終わりは**午前九時四十五分**です。
3 声を出して読んではいけません。
4 答えは全て解答用紙に明確に記入し、**解答用紙だけを提出しなさい。**
5 答えを直すときは、きれいに消してから、新しい答えを書きなさい。
6 **受検番号**を解答用紙の決められたらんに記入しなさい。

東京都立三鷹中等教育学校

1 次の〔詩〕と〔文章〕を読み、あとの問題に答えなさい。
（※印の付いている言葉には本文のあとに〔注〕があります。）

〔詩〕

ぼくが　ここに　いるとき
ほかの　どんなものも
ぼくに　かさなって
ここに　いることは　できない

もしも　ゾウが　ここに　いるならば
そのゾウだけ
マメが　いるならば
その一つぶの　マメだけ
しか　ここに　いることは　できない

ああ　このちきゅうの　うえでは
こんなに　だいじに
まもられているのだ
どんなものが　どんなところに
いるときにも

その「いること」こそが
なににも　まして
すばらしいこと　として

（まど・みちお「ぼくが　ここに」による）

〔文章〕

さて、ここからあなたの想像力をたくさんふくらませてみてください。

夜、あなたは草原に寝《ね》そべっています。

ただ寝ころんで、ただぼーっと、ただ夜空を眺《なが》めています。

やさしい風が吹《ふ》いて、草木がゆれる音がして、ほんのり草と土の匂《にお》いがしています。

一面に広がる夜空には、見たこともない満天の星です。

強くキラキラと光るものもあれば、ひかえめにポッと浮《う》かんでいるものもあります。

時おり、スーッと星が流れて消えていきます。流れ星です。

ぼんやり眺めていると、光と光のあいだの暗いところに吸《す》い込《こ》まれそうな気持ちになるかもしれません。

あの暗闇《くらやみ》は、どこへ続いているのでしょうか。

続くその先には、何があるのでしょうか。

私《わたし》たちはその場所を「宇宙《うちゅう》」とよびます。

宇宙は、いったいどんなところなのでしょうか。

想像の世界でふわりと浮いて、今度は暗闇に向かって高度を上げてみましょう。

高く上がるほどに、あなたがいた場所は、足もとにどんどん小さくなっていきます。

暗闇にかすかに見える遠くの山や川、やがて※渓谷《けいこく》や海も眼下《がんか》に広がります。

もっと高度を上げると※大気圏《たいきけん》を抜《ぬ》けて、いよいよ宇宙空間です。

あなたを引きとめる重力はうんと小さくなっています。

足をつける大地はもうありません。

音もなく
匂いもなく
風もなく
ただ暗い世界です。

宇宙空間が暗いのは、太陽の光を照り返すものがほとんどないからです。

宇宙飛行士たちは、その暗さをこんな風に表現しています。

「※漆黒《しっこく》の※ビロード」

「想像を絶する暗黒《あんこく》」

でも、暗いだけでもないようです。星があるのです。ある宇宙飛行士は、

「無数の輝《かがや》く天体《てんたい》をちりばめた黒い宇宙空間」

と言っています（「天体」とは、宇宙空間にあるものいろいろのことです）。

宇宙空間には、星の光をちらちらさせる空気も、埋《う》もれさせる街明《まちあ》かりもありませんから、きっと地上からは絶対に見ることができない※壮大《そうだい》な星空があるのでしょう。

想像の宇宙空間で、今度はふりかえってみます。

暗闇に、青く輝くどっしりとした球体《きゅうたい》が浮かんでいるはずです。

地球です。

暗闇に浮かぶ地球は、写真や映像《えいぞう》では表現できないほどの美しさだといいます。

たとえば、宇宙飛行士の※ジェームズ・アーウィン氏は、

「想像できないほど美しいビー玉」

「非常にもろくてこわれやすく、指を触《ふ》れたら粉々《こなごな》に砕《くだ》け散《ち》ってしまいそう」

と言って、さらに、

「美しく、暖《あたた》かく、そして生きている」

と、まるで生き物のようにも感じたといいます。

地球が生き物とは、ちょっと意外かもしれませんね。でも、地球が生き物に似ていると考える人は昔からいるようです。

ところで、生き物っぽい、ということでちょっとおもしろい映像があります。

３万６０００㎞上空から地球を見下ろしている、日本の気象衛星「ひまわり８号」の画像を１年分つなげた、早送り映像です。

映像では、白い雲が丸い地球のあちこちで生まれては消えていきます。

眺めていると、雲はいつの間にか現れて、うねうねと動いては渦《うず》を巻《ま》き、そうかと思えば散らばり……、地球の表面を撫《な》でながら※刻々《こくこく》と姿《すがた》を変えていきます。

しばらく見ているうちに、青と白の球体が本当に生き物のようにも見えてきて、なんだか不思議な気分になります。

さて、今度は地球という惑星《わくせい》を、心でもよく眺めてみましょう。

心の目で眺めることはとても大切です。私たちは、ついつい目に映《うつ》るものが全部、と思いがちだからです。

宇宙からは、白い雲の下のこまかい様子まではわからないかもしれません。でも、そこにはかたい地面があって、あたたかい光があって、空気があって、風があって、海があって、山があって、渓谷があって、川があって、無数の命が暮《く》らしていることを私たちは心の目で見ることができます。

宇宙空間からは見えない無数の命一つひとつには、生活があって、音があって、匂いがあって、声があって、想《おも》いがあって、ひとつとして決して同じものがないことも私たちの心は知っています。

それぞれがこの惑星にあとどれくらいの時間いられるか、少しばかりの違《ちが》いがあります。ただ、宇宙の時間で見れば、どれも一瞬《いっしゅん》の※はかないものです。

この本を読んでいるあなたも、その無数の命のひとつとして、生活のひとつとして、音のひとつとして、匂いのひとつとして、声のひとつとして、想いのひとつとして、存在《そんざい》のひとつとして、※悠久《ゆうきゅう》の宇宙の時間の中でたった今、真っ黒な宇宙空間に浮かぶ、青い惑星の表面にいるのです。

このことを本当の意味で知っている人は、もしかしたら大人《おとな》でもそれほど多くないのかもしれません。

（野田祥代《のださちよ》「夜、寝《ね》る前に読みたい宇宙《うちゅう》の話」による）

〔注〕

※渓谷《けいこく》――川の流れている、深い谷間。

※大気圏《たいきけん》――地球のまわりの大気の広がり。

※漆黒《しっこく》――真っ黒でつやのあること。

※ビロード――綿《めん》、絹《きぬ》などを使い、表面に毛が立つように織《お》った、なめらかでつやのある織物《おりもの》。

※壮大《そうだい》――大きくて立派《りっぱ》な様子。

※ジェームズ・アーウィン――アメリカ合衆国《がっしゅうこく》の宇宙《うちゅう》飛行士。

※刻々《こくこく》――時が少しずつ確かに過ぎていく様子。

※はかない――消えてなくなりやすい。

※悠久《ゆうきゅう》――果てしなく長く続くこと。

〔問題1〕〔文章〕の心の目で見るとはどのようなことか、十字以上十五字以内で説明しなさい。

〔問題2〕〔詩〕と〔文章〕をふまえて考えたとき、〔詩〕のぼく、ゾウ、マメと、〔文章〕の地球という惑星《わくせい》との共通点は何か、二十五字以上三十字以内で説明しなさい。

〔問題3〕〔詩〕と〔文章〕を読んで、この地球の全ての存在《そんざい》が、〔詩〕の「いること」こそが　なににも　まして　すばらしい状態になった場合、どのような社会になると考えられますか。理由とあわせて書きなさい。

また、そのような社会が持続、発展《はってん》していくために、あなたはどのようなことをしたいと考えますか。具体的な例を挙げて三百六十字以上四百字以内で説明しなさい。

〈きまり〉

○題名は書きません。
○最初の行から書き始めます。
○段落《だんらく》を設けず、一ますめから書きなさい。
○、や。や」などもそれぞれ字数に数えます。これらの記号が行の先頭に来るときには、前の行の最後の字と同じますめに書きます。
○。と」が続く場合には、同じますめに書きます。この場合、。」で一字と数えます。

適性検査Ⅱ

注　意

1　問題は **1** から **3** までで、**１２ページ**にわたって印刷してあります。

2　検査時間は**４５分**で、終わりは**午前１１時１０分**です。

3　声を出して読んではいけません。

4　計算が必要なときは、この問題用紙の余白を利用しなさい。

5　答えは全て解答用紙に明確に記入し、**解答用紙だけを提出しなさい。**

6　答えを直すときは、きれいに消してから、新しい答えを書きなさい。

7　**受検番号**を解答用紙の決められたらんに記入しなさい。

東京都立三鷹中等教育学校

問題は次のページからです。

1　**たかお**さんと**みつこ**さんは、学校行事の遠足で行く**みたか山《やま》**について調べています。

たかお：**みたか山**のホームページに地図がのっているよ（**図1**）。

みつこ：地図にケーブルカーの経路、リフトの経路と書いてあるけれど、ケーブルカー、リフトとは何かな。

たかお：登山口駅《とざんぐちえき》と広場前駅《ひろばまええき》を行《ゆ》き来《き》する乗り物だね。あとでくわしく調べてみよう。

みつこ：山道は曲がっていたり、分かれていたりするから、迷ってしまいそうだよ。

たかお：それぞれの道がどことどこをつないでいる道なのかが分かりやすくなるような図があるとよいね。この地図を簡単《かんたん》にした図をかいてみようよ。

図1　みたか山《やま》の地図

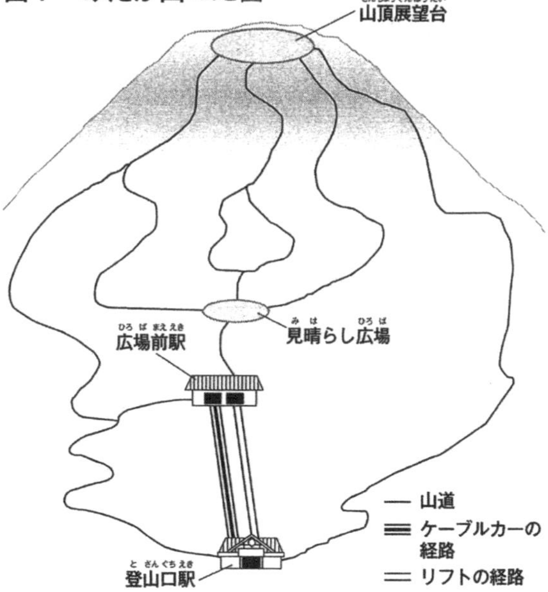

みつこ：登山口駅と広場前駅をつなぐ山道、ケーブルカーの経路、リフトの経路とその周辺（**図2**）を簡単にした図をかいてみたよ（**図3**）。

たかお：**図3**には、登山口駅を表す印●と広場前駅を表す印●があるね。この二つの●を結ぶ3本の線は、**図2**の登山口駅と広場前駅をつなぐ山道、ケーブルカーの経路、リフトの経路の三つをそれぞれ表すということかな。

図2

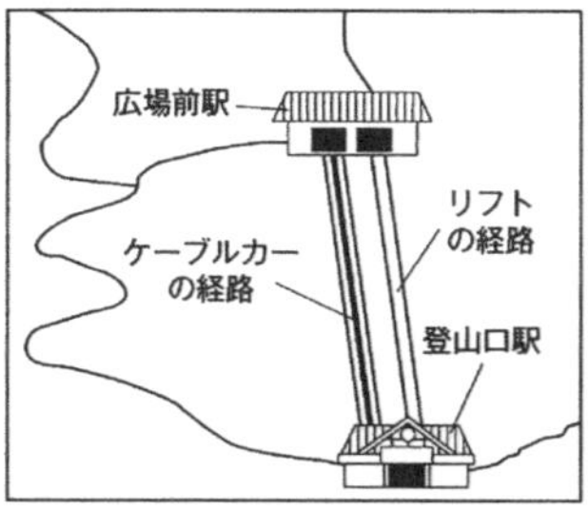

図3

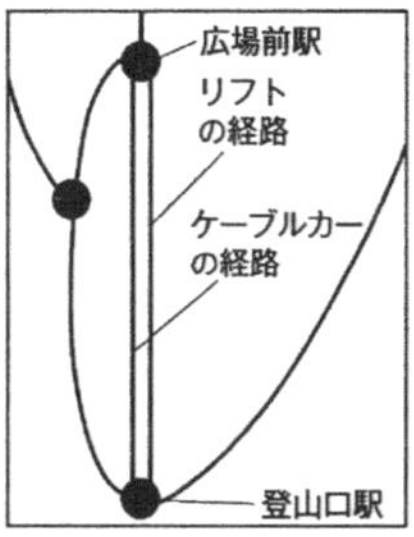

みつこ：そうだよ。簡単にした図の中では、道の曲がり具合や長さに関係なく二つの●を結ぶ線で表すようにしたよ。

たかお：**図3**には登山口駅、広場前駅を表す●以外に、もう一つの●があるね。その●から左上にのびている線は、山頂展望台《さんちょうてんぼうだい》へつながる道を表しているということかな。

みつこ：そうだよ。「登山口駅」、「広場前駅」、「見晴《み》らし広場《ひろば》」、「山頂展望台」と「道がつながっているところ」は全て●で表すことにしよう。

たかお：**みたか山**の地図を簡単にした図をかいてみよう。

〔問題1〕　**図1**をもとにして、下線部の条件を満たすような、**みたか山《やま》**の地図を簡単《かんたん》にした図を解答用紙の**図**に続けてかきなさい。

たかおさんと**みつこ**さんは、ケーブルカーやリフトがどのような乗り物なのか興味をもち、これらについて調べてまとめました（**資料１**）。

資料１　たかおさんと**みつこ**さんが調べたこと

<みたか山のケーブルカーの説明>

①山を登ったり下りたりするための乗り物。

②車両がケーブルにつながれており、ケーブルが動くことで車両が動く。

③１本のケーブルの両はしに１台ずつ車両をつなぎ、そのケーブルを滑車《かっしゃ》にかけて、モーターで滑車を回して動かしている。

④滑車は広場前駅にあり、その直径は４ｍである。

②の様子

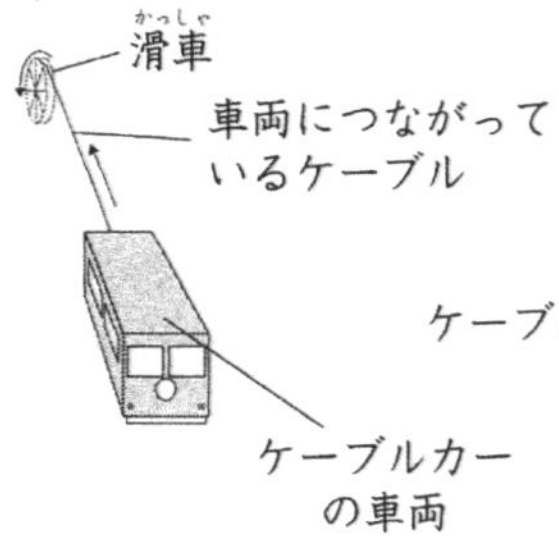

③の様子

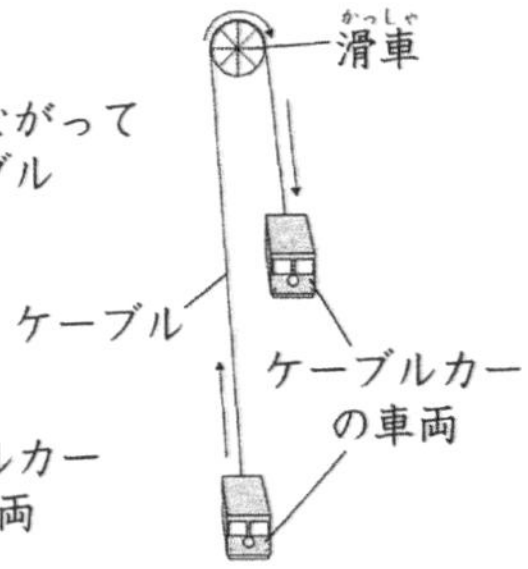

<みたか山のリフトの説明>

①山を登ったり下りたりするための乗り物。

②二人乗りのいすが、ケーブルに等間かくにつるされており、ケーブルが動くことでいすが動く。

③登山口駅と広場前駅に滑車《かっしゃ》があり、１本のケーブルを輪の形にして、それぞれの滑車にかけて、モーターで滑車を回して動かしている。

②の様子

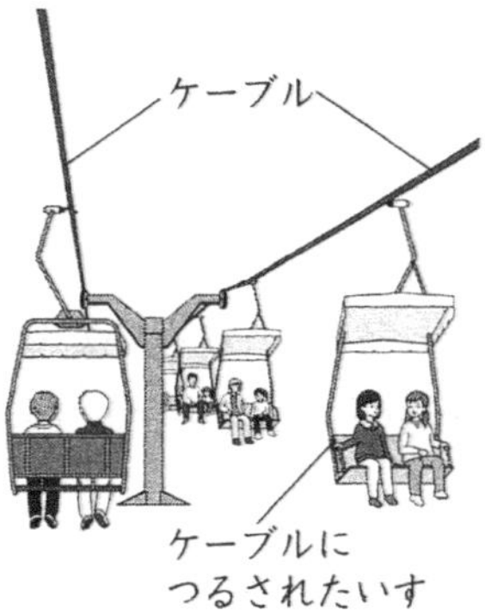

③の様子

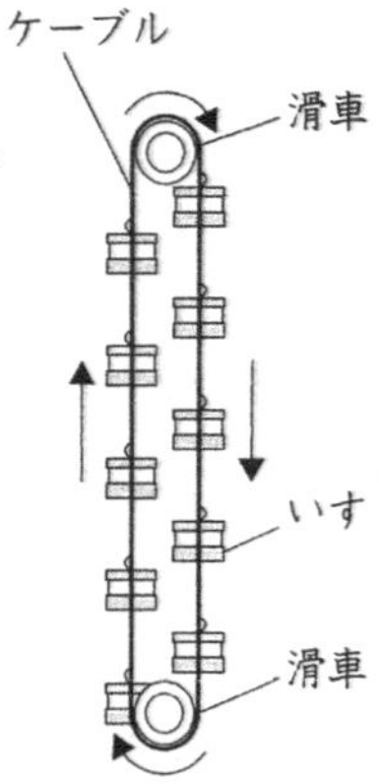

たかお：ケーブルカーの車両は、直径４ｍの滑車《かっしゃ》が回って、ケーブルが動くことで進むのだね。

みつこ：滑車が回ることで動いたケーブルの長さと同じだけケーブルカーの車両が進むことになるね。

たかお：この大きな滑車が回っている様子は見応えがありそうだね。滑車はどれくらい速く回っているのかな。

みつこ：登山口駅と広場前駅の間を進むとき、ケーブルカーが動き出してから止まるまでにかかる時間は６分間で、進む道のりは９４２ｍであることが分かったよ。

たかお：ケーブルカーが一定の速さで進んでいるとすると、滑車が１回転するためにかかる時間はどれくらいだろう。

〔問題２〕　波線部の条件をもとにして、ケーブルカーの滑車《かっしゃ》が１回転するためにかかる時間が何秒かを求めなさい。また、その求め方を言葉や計算式を使って説明しなさい。ただし、円周率は３．１４とします。

遠足を終えた**たかお**さんと**みつこ**さんは、学習発表会で発表するテーマを決めるために、広場前駅から登山口駅まで下りたときのことを話しています。

たかお：遠足では、広場前駅から登山口駅まで徒歩で下りたけれど、ケーブルカーやリフトにも乗りたかったね。

みつこ：さまざまな植物を近くで見ることができたから、私《わたし》は徒歩でも楽しかったよ。

たかお：でも、３８分間も歩いてとてもつかれたよ。ケーブルカーやリフトに乗っていたら、登山口駅までもっと早く着くことができたよね。

みつこ：ケーブルカーやリフトに乗るために並《なら》んでいる人がたくさんいたから、そうとは限らないのではないかな。

たかお：確かに、ケーブルカーやリフトと徒歩では、どちらがより早く広場前駅から登山口駅まで着くことができるかは、広場前駅でケーブルカーやリフトに乗るために並んでいる人数によって決まるね。

みつこ：広場前駅でケーブルカーやリフトに乗るために並んでいる人がそれぞれ何人以下ならば徒歩より早く着くことができるかを考えてみようか。

たかお：それが分かれば、どの方法で広場前駅から登山口駅まで下りるかを選びやすくなるね。

みつこ：広場前駅から登山口駅まで下りる方法を選ぶときには、早く着くかどうかだけでなく他の要素もあわせて考えるのではないかな。

たかお：そうだね。広場前駅から登山口駅まで下りる方法の特徴《とくちょう》をまとめた表を作って、学習発表会で発表することにしようよ（**表１**）。

表１　広場前駅から登山口駅まで下りる方法の特徴《とくちょう》をまとめた表

方法 項目《こうもく》	徒歩	ケーブルカー	リフト
徒歩より早く着くための条件		自分が並《なら》んだとき、自分の前に並んでいる人が［ア］人以下なら徒歩より早く着く。	自分が並《なら》んだとき、自分の前に並んでいる人が［イ］人以下なら徒歩より早く着く。
料金	無料	５００円	５００円
他の良い点	・動植物を近くで見ることができる。 ・体力の向上になる。	・天候に左右されにくい。 ・３人以上でも一緒《いっしょ》に乗ることができる。	・景色を広く見わたすことができる。 ・必ず座《すわ》ることができる。

たかお：あとは、ケーブルカーとリフトの「徒歩より早く着くための条件」を考えれば、表が完成するね。

みつこ：そうだね。表を完成させるために「徒歩」、「ケーブルカー」、「リフト」の三つの方法について調べてみよう（**資料２**）。

資料2　広場前駅から登山口駅まで下りる方法について調べたこと

徒歩について
・山道を歩いて、広場前駅から登山口駅まで行くのにかかる時間は３８分間である。

ケーブルカーについて
・広場前駅から登山口駅まで行くのにかかる時間は６分間である。
・ケーブルカーは、広場前駅を１５分おきに出発している。
・ケーブルカーの１回の運行で下山することができる乗客の人数は、最大１３５人である。

リフトについて
・広場前駅から登山口駅まで行くのにかかる時間は１２分間である。
・リフトのいすの台数は１６８台である。
・リフトのいす１台に乗ることができる人数は最大二人である。
・一定の速さで動き続けており、乗《の》り降《お》りの際に止まることはない。

みつこ： それでは、ケーブルカーの「徒歩より早く着くための条件」とリフトの「徒歩より早く着くための条件」を分担《ぶんたん》して考えて、表を完成させよう。

たかお： 考えやすくするために、ケーブルカーの１回の運行では１３５人、リフトのいす１台には二人ずつ必ず乗るものとして考えよう。

みつこ： そうだね。私たちが下山する途中《とちゅう》で広場前駅に着いたのと同時にケーブルカーとリフトが出発したことにして、それに乗ることができなかった人から数えて並んでいる人数を考えることにしよう。

たかお： あと、並んでいる人が途中で並ぶのをやめて、列から抜《ぬ》けることはないことにしよう。

みつこ： 分かったよ。

〔問題３〕　広場前駅から登山口駅まで下りる方法を、「ケーブルカー」または「リフト」と「徒歩」のどちらにするかを考えたい。次の①、②に答えなさい。

①　「徒歩より早く着くための条件」について、「ケーブルカー」か「リフト」のどちらを考えるかを選び、解答用紙のケーブルカーまたはリフトを ◯ で囲みなさい。ケーブルカーを選んだ場合は ア 、リフトを選んだ場合は イ に当てはまる適切な値《あたい》を、**資料2**の情報をもとに二重下線部の条件を満たすようにして求めなさい。また、その求め方を言葉や計算式を使って説明しなさい。

②　①で選んだ乗り物に乗るために並《なら》んでいる人数が３００人のとき、「徒歩」と①で選んだ乗り物のどちらを選ぶか考える。
「徒歩」と①で選んだ乗り物のどちらが早く着くかと**表１**の「料金」または「他の良い点」などをふまえて、あなたなら「徒歩」と①で選んだ乗り物のどちらを選ぶか答えなさい。また、選んだ理由を説明しなさい。

2　**花子**さんと**太郎《たろう》**さんは、社会科の時間に産業について、**先生**と話をしています。

花　子：これまでの社会科の授業で、工業には、自動車工業、機械工業、食料品工業など、多様な種類があることを学びました。

太　郎：私《わたし》たちの生活は、さまざまな種類の工業と結び付いていましたね。

先　生：私たちの生活に結び付いているのは、工業だけではありませんよ。多くの産業と結び付いています。

花　子：工業のほかにどのような産業があるのでしょうか。

太　郎：たしかに気になりますね。おもしろそうなので、調べてみましょう。

花子さんと**太郎**さんは、産業について調べた後、**先生**と話をしています。

花　子：工業のほかにも、農業や小売業など、たくさんの産業があることが分かりました。同じ産業でも、農業と小売業では特徴《とくちょう》が異《こと》なりますが、何か分け方があるのでしょうか。

先　生：産業は大きく分けると、第１次産業、第２次産業、第３次産業の３種類に分類することができます。

太　郎：それらは、どのように分類されているのですか。

先　生：第１次産業は、自然に直接働きかけて食料などを得る産業で、農業、林業、漁業のことをいいます。第２次産業は、第１次産業で得られた原材料を使用して、生活に役立つように商品を製造したり、加工したりする産業で、工業などのことをいいます。第３次産業は、第１次産業や第２次産業に分類されない産業のことで、主に仕入れた商品を販売《はんばい》する小売業などの商業や、物を直接生産するのではなく、人の役に立つサービス業などのことをいいます。

花　子：大きく区分すると、三つの産業に分類されるのですね。では、日本の産業全体でどれくらいの人が働いているのでしょうか。

太　郎：働いている人のことを就業者《しゅうぎょうしゃ》といいます。日本の産業全体の就業者数を調べてみましょう。

花子さんと**太郎**さんは、日本の産業全体の就業者数について調べました。

花　子：産業全体の就業者数を３０年ごとに調べてみると、１９６０年は約４３７０万人、１９９０年は約６１３７万人、２０２０年は約５５８９万人でした。

太　郎：就業者数は１９６０年、１９９０年、２０２０年と変化しているのですね。それぞれの産業別では、どれくらいの人が働いているのでしょうか。

花　子：私は、第１次産業、第２次産業、第３次産業、それぞれの産業で働いている人の年齢《ねんれい》がどのように構成されているのかを知りたいです。

太　郎：では、今、三つに分類した産業別の就業者数を年齢層《ねんれいそう》ごとに調べ、一つの図にまとめてみましょう。

花子さんと**太郎**さんは、１９６０年、１９９０年、２０２０年における年齢層ごとの産業別の就業者数を調べ、年ごとにグラフ（**図１**）を作成しました。

解答用紙

適性検査Ⅰ

1

〔問題1〕10点

〔問題2〕30点

〔問題3〕60点

受検番号

得点
※

※のらんには何も記入しないこと

※100点満点

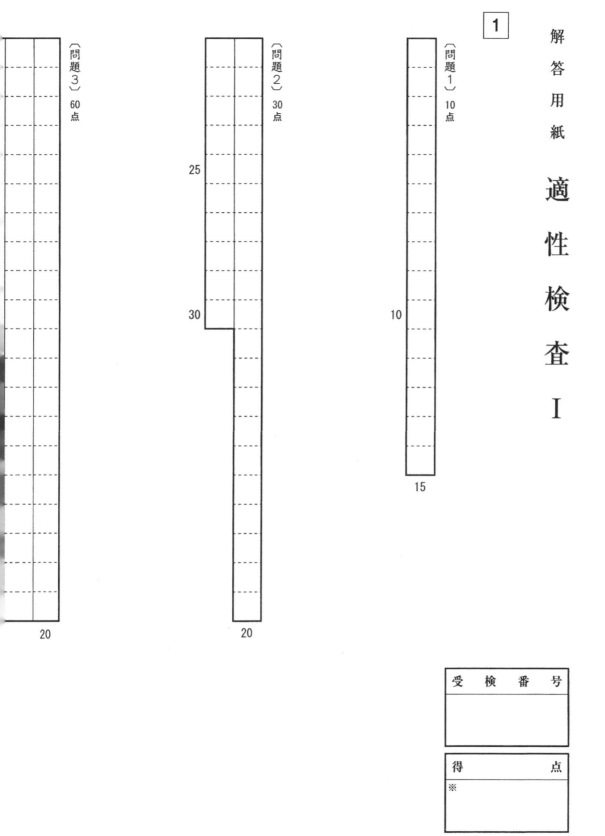

解 答 用 紙　適 性 検 査 Ⅱ

※100点満点

受　検　番　号

得　　　　点
※

※のらんには、記入しないこと

1

〔問題１〕 10点

図

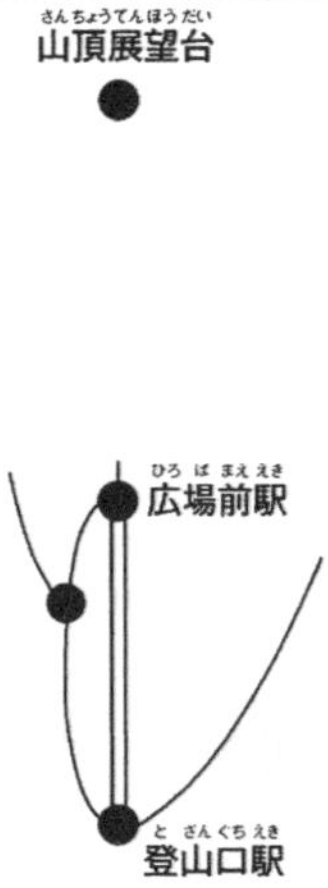

※

〔問題２〕 15点

ケーブルカーの滑車《かっしゃ》が１回転するためにかかる時間は［　　　　　　］秒

〔説明〕

※

〔問題３〕 15点

①〔選んだ乗り物〕　ケーブルカー　・　リフト

並《なら》んでいる人が［　　　　　　］人以下なら徒歩より早く着く

〔説明〕

②〔あなたが選ぶ方法〕　徒歩　・　①で選んだ乗り物

〔理由〕

※

2

〔問題１〕 15点

（選んだ一つを○で囲みなさい。）

第２次産業　　　　第３次産業

※

〔問題２〕 15点

（**図２**と**図３**から一つずつ選んで○で囲みなさい。）

図２：　①　②　③　　　**図３**：　④　⑤　⑥

〔農家の人たちの立場〕

〔農家以外の人たちの立場〕

※

3

〔問題１〕 14点

（１）

（２）

※

〔問題２〕 16点

（１）

（２）

※

（5　三鷹）

400　360　300　200　100

図1　１９６０年、１９９０年、２０２０年における年齢層《ねんれいそう》ごとの産業別の就業者数《しゅうぎょうしゃすう》

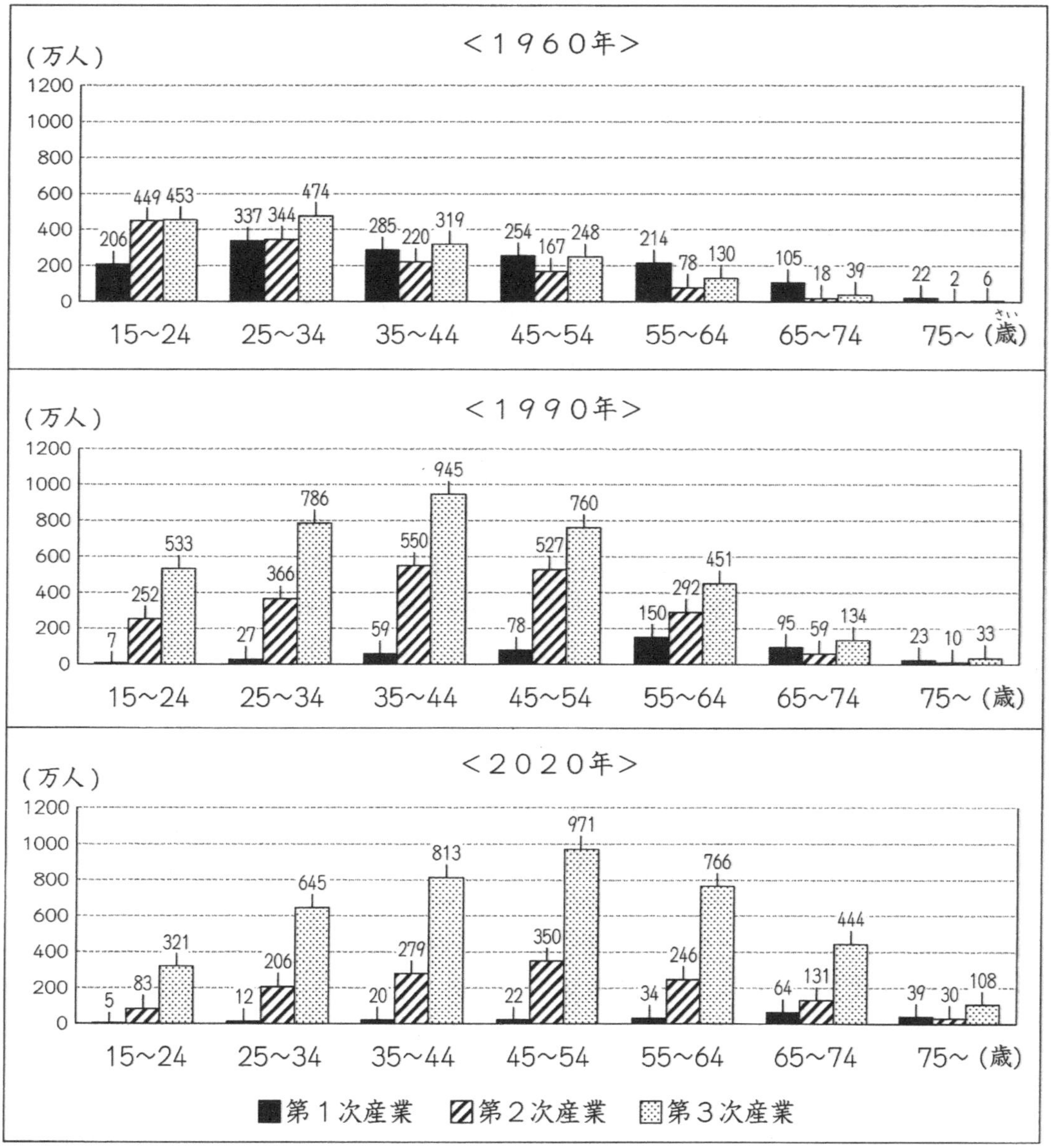

(国勢調査《こくせいちょうさ》より作成)

花　子：**図1**から、１９６０年、１９９０年、２０２０年で産業別の就業者数と就業者数の最も多い年齢層が変化していることが分かりますね。

太　郎：では、１９６０年、１９９０年、２０２０年を比べて、産業別の就業者数と就業者数の最も多い年齢層の変化の様子を読み取りましょう。

〔問題１〕　**太郎**さんは「１９６０年、１９９０年、２０２０年を比べて、産業別の就業者数と就業者数の最も多い年齢層の変化の様子を読み取りましょう。」と言っています。第２次産業、第３次産業のいずれか一つを選び、１９６０年、１９９０年、２０２０年における、産業別の就業者数と就業者数の最も多い年齢層がそれぞれどのように変化しているか、**図1**を参考にして説明しなさい。

太　郎：グラフを読み取ると、約６０年間の産業別の就業者数と年齢層ごとの就業者数の変化の様子がよく分かりましたね。

花　子：そうですね。ところで、第１次産業に就業している人が、自然に直接働きかけて食料などを得ること以外にも、取り組んでいる場合がありますよね。

太　郎：どういうことですか。

花　子：夏休みにりんご農園へ行ったとき、アップルパイの製造工場があったので見学しました。りんごの生産者がアップルパイを作ることに関わるだけでなく、完成したアップルパイを農園内のお店で販売していました。

先　生：たしかに、りんごを生産する第１次産業、そのりんごを原材料としたアップルパイの製造をする第２次産業、アップルパイの販売をする第３次産業と、同じ場所でそれぞれの産業の取り組みが全て見られますね。二人は、「６次産業化」という言葉を聞いたことはありますか。

太　郎：初めて聞きました。「６次産業化」とは何ですか。

先　生：「６次産業化」とは、第１次産業の生産者が、第２次産業である生産物の加工と、第３次産業である流通、販売、サービスに関わることによって、生産物の価値《かち》をさらに高めることを目指す取り組みです。「６次産業化」という言葉の「６」の数字は、第１次産業の「１」と第２次産業の「２」、そして第３次産業の「３」の全てを足し合わせたことが始まりです。

花　子：そうなのですね。生産物の価値を高めるのは、売り上げを増加させることが目的ですか。

先　生：第１次産業の生産者の売り上げを増加させ、収入《しゅうにゅう》を向上させることが目的です。

太　郎：つまり、「６次産業化」によって、売り上げが増加し、第１次産業の生産者の収入向上につながっているのですね。

先　生：農林水産省《のうりんすいさんしょう》のアンケート調査では、「６次産業化」を始める前と後を比べて、「６次産業化」に取り組んだ農家の約７割《わり》が、年間の売り上げが増えたと答えています。

花　子：どのような取り組みを行って、売り上げは増加したのでしょうか。私は夏休みにりんご農園へ行ったので、農業における「６次産業化」の取り組みをもっとくわしく調べてみたいです。

太　郎：では、「６次産業化」によって売り上げが増加した農家の事例について、調べてみましょう。

太郎さんと**花子**さんは農業における「６次産業化」の取り組み事例について調べて、**先生**に報告しました。

花　子：ゆず農家の取り組み事例がありました。

先　生：「６次産業化」の取り組みとして、ゆずの生産以外に、どのようなことをしているのですか。

太　郎：ゆずを加工して、ゆずポン酢《ず》などを生産し、販売しています。

先　生：売り上げを増加させるために、具体的にどのような取り組みを行っていましたか。

花　子：インターネットを用いて販売先を広げました。その結果、遠くに住んでいる人が、商品を購入《こうにゅう》することができるようになっています。また、地域《ちいき》の使われなくなっていた農地を活用することで、ゆずの生産を増加させています。使われなくなっていた農地を活用した結果、土地が荒《あ》れるのを防ぐことができ、地域の防災にも役立っています。

太　郎：農家の人たちだけでなく、消費者や地域の人たちなどの農家以外の人たちにとっても利点があるということが分かりました。他の農家の取り組みも調べてみたいです。

花　子：では、他の農家ではどのような取り組みをしているのか、調べてみましょう。

図2　花子さんが調べた「*養鶏《ようけい》農家」の取り組み事例

<table>
<tr><td>（生産部門）
卵《たまご》</td><td>（加工部門）
プリン、オムライスなど</td><td>（販売《はんばい》部門）
カフェとレストランでの提供《ていきょう》やインターネットを用いた通信販売</td></tr>
<tr><td colspan="3"><具体的な取り組み>
①カフェ事業を始めた結果、来客数が増加した。
②宿泊施設《しゅくはくしせつ》で宿泊者に対して、卵や地元の食材を活用した料理を提供している。
③飼育体験・お菓子《かし》作り体験・カフェ店員体験などを実施《じっし》している。</td></tr>
</table>

＊養鶏《ようけい》：卵《たまご》や肉をとるためにニワトリを飼うこと。

（農林水産省《のうりんすいさんしょう》ホームページなどより作成）

図3　太郎《たろう》さんが調べた「しいたけ農家」の取り組み事例

<table>
<tr><td>（生産部門）
しいたけ</td><td>（加工部門）
しいたけスープなど</td><td>（販売《はんばい》部門）
レストランでの提供《ていきょう》やインターネットを用いた通信販売</td></tr>
<tr><td colspan="3"><具体的な取り組み>
④色や形が不揃《ふぞろ》いで出荷《しゅっか》できず、捨《す》てていたしいたけを加工し、新たな商品やレストランのメニューなどを開発し、提供している。
⑤しいたけの加工工場見学などの新しい観光ルートを提案した結果、旅行客が増えた。
⑥地元の会社と協力して加工商品を開発し、販売している。</td></tr>
</table>

（農林水産省《のうりんすいさんしょう》ホームページなどより作成）

太　郎：さまざまな「6次産業化」の取り組みが、行われていることが分かりました。

花　子：「6次産業化」には、さまざまな利点があるのですね。

太　郎：そうですね。「6次産業化」は、これからの第1次産業を発展《はってん》させていく上で、参考になるかもしれませんね。

〔問題2〕　**花子**さんは「「6次産業化」には、さまざまな利点があるのですね。」と言っています。**図2**の①～③、**図3**の④～⑥の<具体的な取り組み>の中から一つずつ取り組みを選び、それらに共通する利点を答えなさい。なお、農家の人たちの立場と農家以外の人たちの立場から考え、それぞれ説明すること。

3　花子さんと太郎《たろう》さんが水滴《すいてき》について話をしています。

花　子：雨が降《ふ》った後、いろいろな種類の植物の葉に水滴がついていたよ。

太　郎：植物の種類によって、葉の上についていた水滴の形がちがったよ。なぜなのかな。

花　子：葉の形や面積と関係があるのかな。調べてみよう。

二人は、次のような**実験1**を行いました。

実験1

手順1　次の**ア**～**オ**の５種類の葉を、それぞれ１枚《まい》ずつ用意し、葉の形の写真をとる。

ア　アジサイ　**イ**　キンモクセイ　**ウ**　イチョウ　**エ**　ツバキ　**オ**　ブルーベリー

手順2　１枚の葉の面積を、**図1**のように方眼用紙を用いて求める。

手順3　それぞれの葉の表側に、約５ｃｍの高さからスポイトで水を４滴《てき》分たらす。そして、葉についた水滴を横から写真にとる。

図1　方眼用紙と葉

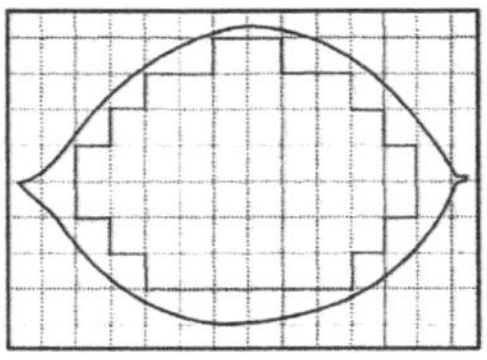

実験1の記録は、**表1**のようになりました。

表1　**実験1**の記録

	ア	イ	ウ	エ	オ
葉の形			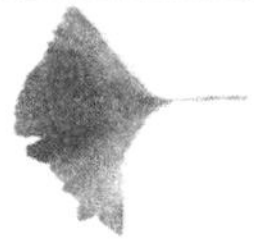		
葉の面積（ｃｍ^2）	１１１	２２	３６	１８	１７
水滴《すいてき》の写真	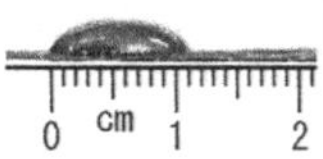	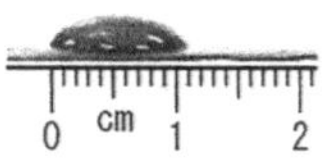	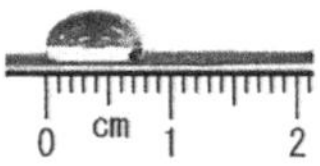	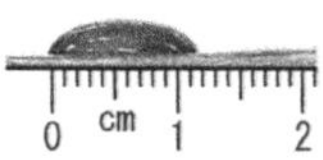	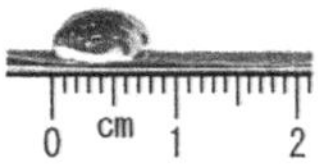

太　郎：**ア**～**オ**の中に、葉を少しかたむけると、水滴が転がりやすい葉と水滴が転がりにくい葉があったよ。

花　子：葉の上で水滴が転がりやすいと、葉から水が落ちやすいのかな。

太　郎：それを調べるために、葉の表側を水につけてから引き上げ、どれだけの量の水が葉についたままなのか調べてみよう。

花　子：葉についたままの水の量が分かりやすいように、葉は１０枚使うことにしましょう。

二人は、次のような**実験2**を行いました。

実験2

手順1　**実験1**の**ア**～**オ**の葉を、新しく10枚ずつ用意し、10枚の葉の重さをはかる。

手順2　**図2**のように、手順1で用意した葉の表側を1枚ずつ、容器に入った水につけてから引き上げ、水につけた後の10枚の葉の重さをはかる。

手順3　手順1と手順2ではかった重さから、10枚の葉についたままの水の量を求める。

図2　葉と水

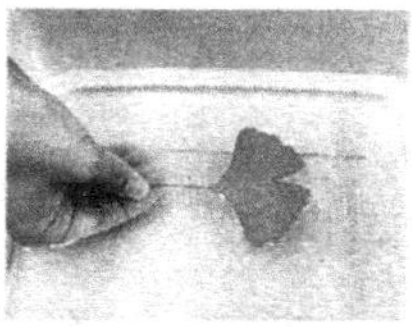

10枚の葉についたままの水の量は、**表2**のようになりました。

表2　10枚《まい》の葉についたままの水の量

	ア	イ	ウ	エ	オ
10枚の葉についたままの水の量（g）	11.6	2.1	0.6	1.8	0.4

太　郎：**表2**の10枚の葉についたままの水の量を、少ないものから並《なら》べると、**オ**、**ウ**、**エ**、**イ**、**ア**の順になるね。だから、この順番で水滴が転がりやすいのかな。

花　子：**表1**の葉の面積についても考える必要があると思うよ。**表2**の10枚の葉についたままの水の量を**表1**の葉の面積で割《わ》った値《あたい》は、**ア**と**イ**と**エ**では約0．1になり、**ウ**と**オ**では約0．02になったよ。

太　郎：**表1**の水滴の写真から分かることもあるかもしれないね。

〔問題1〕（1）　**表1**と**表2**と会話文をもとに、水滴《すいてき》が転がりやすい葉1枚《まい》と水滴が転がりにくい葉1枚を選びます。もし**ア**の葉を選んだとすると、もう1枚はどの葉を選ぶとよいですか。**イ**、**ウ**、**エ**、**オ**の中から一つ記号で答えなさい。

（2）　**花子**さんは、「**表2**の10枚の葉についたままの水の量を**表1**の葉の面積で割《わ》った値《あたい》は、**ア**と**イ**と**エ**では約0．1になり、**ウ**と**オ**では約0．02になったよ。」と言いました。この発言と**表1**の水滴の写真をふまえて、水滴が転がりやすい葉か転がりにくい葉か、そのちがいをあなたはどのように判断したか説明しなさい。

太　郎：葉についた水滴《すいてき》について調べたけれど、汗《あせ》が水滴のようになることもあるね。
花　子：汗をかいた後、しばらくたつと、汗の水分はどこへいくのかな。
太　郎：服に吸収《きゅうしゅう》されると思うよ。ここにある木綿《もめん》でできたＴシャツとポリエステルでできたＴシャツを使って、それぞれの布について調べてみよう。

二人は、次のような**実験３**を行いました。

実験３

手順１　木綿でできたＴシャツとポリエステルでできたＴシャツから、同じ面積にした木綿の布３０枚《まい》とポリエステルの布３０枚を用意し、重さをはかる。水の中に入れ、引き上げてからそれぞれ重さをはかり、増えた重さを求める。

手順２　新たに手順１の布を用意し、スタンプ台の上に布を押《お》しあてて黒色のインクをつける。次に、インクをつけた布を紙の上に押しあてて、その紙を観察する。

手順３　新たに手順１の木綿の布３０枚とポリエステルの布３０枚を用意し、それぞれ平らに積み重ねて横から写真をとる。次に、それぞれに２kgのおもりをのせて、横から写真をとる。

実験３は、**表３**と**図３**、**図４**のようになりました。

表３　手順１の結果

	木綿《もめん》の布	ポリエステルの布
増えた重さ（g）	１４．１	２４．９

図３　手順２で観察した紙

木綿の布	ポリエステルの布
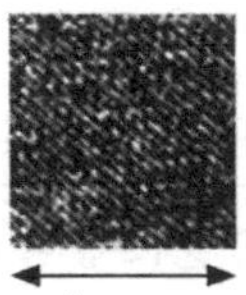	

図４　手順３で布を積み重ねて横からとった写真

木綿の布		ポリエステルの布	
おもりなし	おもりあり	おもりなし	おもりあり
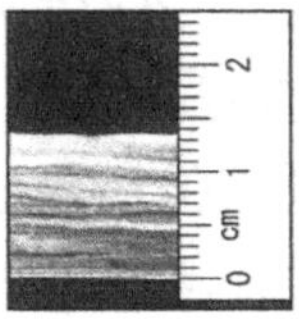	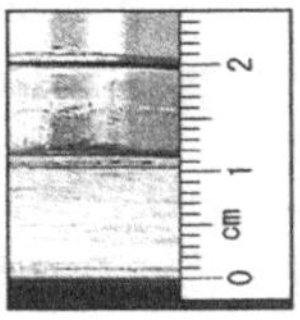	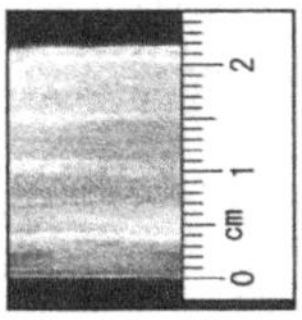	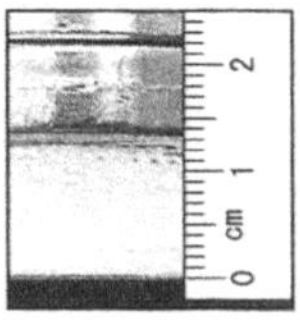

花　子：汗の水分は服に吸収されるだけではなく、蒸発《じょうはつ》もすると思うよ。
太　郎：水を通さないプラスチックの箱を使って、調べてみよう。

二人は、次のような**実験４**を行いました。

実験4

手順1　同じ布でできたシャツを3枚用意し、それぞれ水150gを吸収させ、プラスチックの箱の上にかぶせる。そして、箱とシャツの合計の重さをそれぞれはかる。

手順2　手順1のシャツとは別に、木綿でできたTシャツとポリエステルでできたTシャツを用意し、それぞれ重さをはかる。そして、**図5**のように、次の**カ**と**キ**と**ク**の状態をつくる。

図5　カとキとクの状態

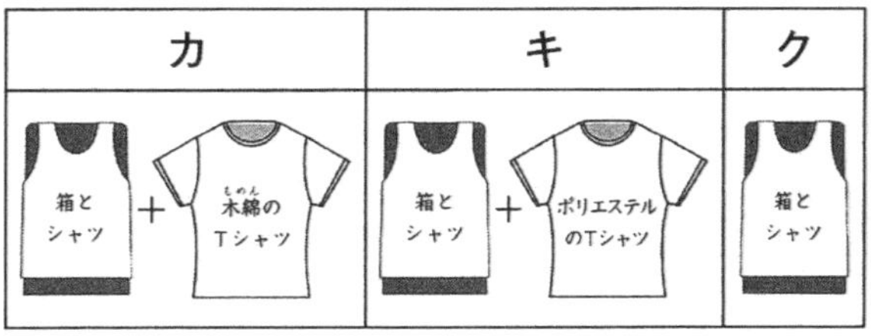

カ　箱とシャツの上に、木綿のTシャツをかぶせた状態

キ　箱とシャツの上に、ポリエステルのTシャツをかぶせた状態

ク　箱とシャツの上に何もかぶせない状態

手順3　手順2の**カ**と**キ**については、60分後にそれぞれのTシャツだけを取って、箱とシャツの合計の重さとTシャツの重さをそれぞれはかる。手順2の**ク**については、60分後に箱とシャツの合計の重さをはかる。

実験4の結果は、**表4**のようになりました。

表4　箱とシャツの合計の重さとTシャツの重さ

	カ		キ		ク
	箱とシャツ	Tシャツ	箱とシャツ	Tシャツ	箱とシャツ
はじめの重さ　(g)	1648.3	177.4	1648.3	131.5	1648.3
60分後の重さ (g)	1611	189.8	1602.4	150.3	1625.2

花　子：**表4**から、60分たつと、箱とシャツの合計の重さは、**カ**では37.3g、**キ**では45.9g、**ク**では23.1g、それぞれ変化しているね。

太　郎：Tシャツの重さは、**カ**では12.4g、**キ**では18.8g、それぞれ変化しているよ。

〔問題2〕（1）　**実験3**で用いたポリエステルの布の方が**実験3**で用いた木綿《もめん》の布に比べて水をより多く吸収《きゅうしゅう》するのはなぜですか。**図3**から考えられることと**図4**から考えられることをふまえて、説明しなさい。

（2）　**実験4**の手順2の**カ**と**キ**と**ク**の中で、はじめから60分後までの間に、箱とシャツの合計の重さが最も変化しているのは、**表4**から**キ**であると分かります。蒸発《じょうはつ》した水の量の求め方を説明し、**キ**が最も変化する理由を答えなさい。

④

適性検査Ⅰ

注意

1　問題は［1］のみで、**4**ページにわたって印刷してあります。

2　検査時間は**四十五分**で、終わりは**午前九時四十五分**です。

3　声を出して読んではいけません。

4　答えは全て解答用紙に明確に記入し、**解答用紙だけを提出しなさい。**

5　答えを直すときは、きれいに消してから、新しい答えを書きなさい。

6　**受検番号**を解答用紙の決められたらんに記入しなさい。

東京都立三鷹中等教育学校

問題は次のページからです。

1　次の〔**詩**〕と〔**文章**〕を読み、あとの問題に答えなさい。
（※印の付いている言葉には本文のあとに〔**注**〕があります。）

〔**詩**〕

空気の流れが
見えるといい
川のように

すると

とんび　が
どのように泳《およ》いでいるか
その種《たね》あかしが
ありありと
わかるだろうに

見えるもの
の　すぐ　うしろに
見えないもの
が　ある

人の言葉《ことば》も
その意味では
空をとぶ　とんび　だ

（川崎《かわさき》　洋《ひろし》「とんび」による）

〔文章〕

きょうは社会の授業で地図記号というものを習った。バツじるしは交番のマークで、でもそれをマルで囲むと警察署《けいさつしょ》のマークになるとか、文のしるしは小学校と中学校で、それを丸で囲むと高校になるとか。望子《もちこ》がいちばん気に入ったのは田んぼのマークで、だから授業中に作った〝好きな町の地図〟は田んぼだらけになった。隣《となり》のクラスでもきょうは社会の授業があって、美津喜《みつき》ちゃんの作った地図の町は図書館だらけになってしまったそうだ。親友の美津喜ちゃんとは、三年生になってクラスが分かれてしまった。でも登下校はいつもいっしょだし、家が近いので、帰ってからもよくいっしょに遊ぶ。

望子が美津喜ちゃんとはじめて会ったのは、この街に引越《ひっこ》してまだまもない日だった。場所は駅の反対側の自然観察公園で、望子はそこに、母親と※おばちゃんと※りっちゃんの三人とでかけた。自然観察公園といっても、スポーツのできるグラウンドがあったり復元された農家があったりする広い施設《しせつ》で、母親やりっちゃんの子供《こども》のころにはなかったものらしく、「望子を連れて行く」という名目《めいもく》のわりには大人たちの方がはしゃいでいた。施設内を歩いているうちに、木に囲まれた広場にでた。何のための空間なのか、いまでも望子には謎《なぞ》なのだが、そこは一面うす茶色で、端《はし》にベンチが置かれている以外には何もなく、※殺風景《さっぷうけい》で、その後何度も行ったが、大抵《たいてい》ひと気がない。うす茶色なのは地面に敷《し》かれているもののせいで、はじめ、望子は枯《か》れ葉とか松ぼっくりとかどんぐりとかだろうと思った。が、近くで見ると、そのどれでもなく、望子はその正体不明のモノの踏《ふ》み心地《ごこち》にうっとりした。心を奪《うば》われたといってもよかった。一歩ごとに靴底《くつぞこ》に伝わる感触《かんしょく》はしっとりとやわらかく、自分の重さがふんわり返ってくるみたいなのに、そのふんわりは安定していて歩きやすく、望子は大人の誰《だれ》かとつないでいた手を離《はな》し、一人で歩きまわったり、しゃがんでそのモノに触《さわ》ってみたりした。「ほら、行くわよ」と母親に促《うなが》されたとき、立ち去りがたかったことを憶《おぼ》えている。その広場のベンチに、美津喜ちゃんはお母さんと坐《すわ》っていた。長い髪《かみ》を両方の耳の上で二つに結んでいて、かわいかった。

「あら、おいしそうね」

誰にでも気安く話しかけてしまうおばちゃんが言い（美津喜ちゃん母子はお弁当をたべていたのだ）、おむすびの具は何かとか、年はいくつかとか美津喜ちゃんに訊《き》く横で、母親同士もなにか言葉を――引越してきたばかりでとか、ここはいつごろできた公園なのかとか――交《か》わしていたような気がする。望子は黙《だま》っていた。ただ立って、その髪の長い女の子を見ていた。驚《おどろ》くことが起《おこ》ったのはそのときだった。おばちゃんの質問に恥《はず》かしそうにこたえていた美津喜ちゃんが、ふいに望子をまっすぐに見て、

「これね、ウッドチップっていうんだよ」

と言ったのだ。望子はびっくりして返事ができなかった。

「へえ、よく知っているのね」

かわりにおばちゃんがこたえた。地面に敷かれたモノが何であるのか、望子は誰にも質問していなかった。初対面の美津喜ちゃんにはもちろん、おばちゃんにもりっちゃんにも母親にも。それはつまり、美津喜ちゃんが望子を観察していたことを意味した。観察して、望子の気持ちを正確に見抜《みぬ》いたことを。

母親同士の会話によって、美津喜ちゃんと望子がその春からおなじ小学校に通うことや、家が近所であること（自然観察公園は家からかなり距離《きょり》があり、望子たち四人はりっちゃんの車でそこに行ったのだが、美津喜ちゃん母子は自転車で来ていた）がわかり、入学式を待たずに、互《たが》いの家を行き来《き》するようになった。

「これね、ウッドチップっていうんだよ」

望子は、いまでもときどきその言葉を思いだす。いまよりずっと小さかった美津喜ちゃんの、白い、ひどく※生真面目《きまじめ》な顔も。

（江國《えくに》香織《かおり》「川のある街」『小説トリッパー２０２１年秋号』
朝日新聞出版 による）

〔注〕

※おばちゃん――望子の祖母。

※りっちゃん――望子のおば。

※殺風景《さっぷうけい》――おもしろみや、おもむき（味わい）のない様子。

※生真面目《きまじめ》――ひじょうにまじめな様子。

〔問題1〕 **〔詩〕**の「見えるもの」と「見えないもの」とは、「とんび」という鳥の場合、何を指すでしょうか。それぞれ二十字以内で説明しなさい。

〔問題2〕 **〔詩〕**で中心となっている作者の考え方をふまえると、**〔文章〕**の望子はどんなことから何を感じとったと言えるでしょうか。百字以内で、「～から・・・を感じとった。」という形にまとめなさい。

〔問題3〕 **〔詩〕**と**〔文章〕**を読んで、「見えるもの」からその背後《はいご》にある人の思いが伝わり、あなたのものの見方や考え方が広がった経験を三百五十字以上四百字以内で具体的に書きなさい。

〈きまり〉

○題名は書きません。

○最初の行から書き始めます。

○段落《だんらく》を設けず、一ますめから書きなさい。

○、や。や」などもそれぞれ字数に数えます。これらの記号が行の先頭に来るときには、前の行の最後の字と同じますめに書きます。

○。と」が続く場合には、同じますめに書きます。この場合、。」で一字と数えます。

適性検査Ⅱ

注　　意

1　問題は **1** から **3** までで、１２ページにわたって印刷してあります。

2　検査時間は**４５分**で、終わりは**午前１１時１０分**です。

3　声を出して読んではいけません。

4　計算が必要なときは、この問題用紙の余白を利用しなさい。

5　答えは全て解答用紙に明確に記入し、**解答用紙だけを提出しなさい。**

6　答えを直すときは、きれいに消してから、新しい答えを書きなさい。

7　**受検番号**を解答用紙の決められたらんに記入しなさい。

東京都立三鷹中等教育学校

問題は次のページからです。

1　**たかお**さんと**みつこ**さんは、学校行事で校内をかざり付けることになりました。

みつこ： わたしたちは学校の階段《かいだん》をかざり付ける担当《たんとう》になったね。どのようにかざり付けるかを考えるだけでもわくわくするね。

たかお： そうだね、学校には階段がたくさんあるけれど、どの階段から考え始めようか。

みつこ： まず、「らせん階段」から考え始めよう（**図１**）。

たかお： この「らせん階段」は上から見ると、中心が同じ大小二つの円に見えると考えられるよね。

みつこ： ゆかに対して垂直《すいちょく》な長方形の面は、上《のぼ》っているときによく見えるから、その面にかざりを付けていこうよ。このらせん階段に使えるかざりは、A、B、Cの３種類で、それぞれ３個ずつあったよね。

たかお： らせん階段１周の段数を数えたら１８段で、ゆかに対して垂直な長方形の面も１８面だったよ。

みつこ： それだと、使えるかざりは９個しかないから、ゆかに対して垂直な長方形の面の全てにかざりを付けることができないよね。

たかお： それなら、ゆかに対して垂直な長方形の１８面に、かざりを１面おきに１個ずつ付けていけばよいね（**図２**）。A、B、Cの並《なら》べ方はどうすればよいかな。

みつこ： A、B、Cそれぞれ１個ずつを使った並べ方を決めて、それを３回くり返して付けていけばバランスがよいね。

図１

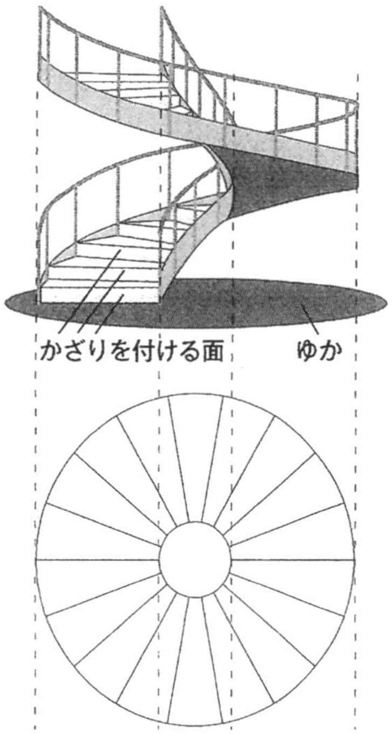

らせん階段《かいだん》を真上から見た図

図２

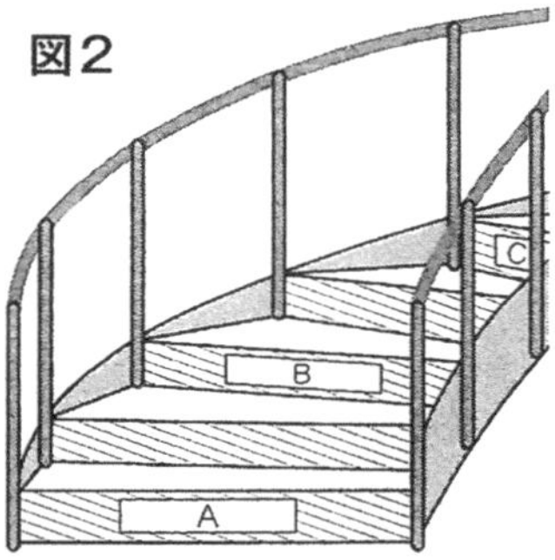

〔問題１〕　会話の下線部の条件を満たすように、９個のかざりを付ける場合について考えます。その付け方が何通りあるかを求めなさい。また、その求め方も説明しなさい。

ゆかに垂直な面にかざりを付け終えた**たかお**さんと**みつこ**さんは、らせん階段の手すりに沿《そ》ってリボンを付けることについて話し合っています。

みつこ： 外側の手すりに沿ってリボンを付けたいな（**図３**）。

たかお： それなら、リボンを付ける手すりの長さを調べないとね。

みつこ： らせん階段を真上から見ると、中心が同じ大小二つの円に見えると考えたから、らせん階段１周の外側の手すりの長さは大きい方の円周に等しくなるのではないかな。

たかお： ちょっと待って。回りながら上っていくから、手すりの長さは、みつこさんが考えた円周よりは長いと思うよ。

図3

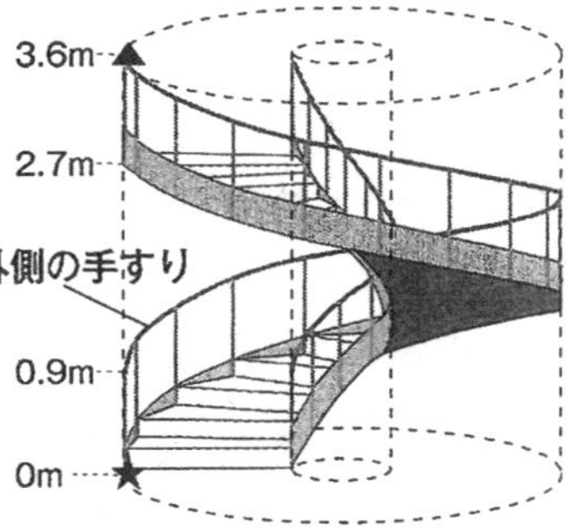

みつこ： 確かにそうだね。どうすれば手すりの長さを求めることができるかな。

たかお： らせん階段全体の形は円柱の一部と考えることができるよ。

みつこ： そうか、それなら外側の手すりは円柱の側面の一部と考えることができるね。

たかお： 円柱の側面の展開《てんかい》図《ず》をかくと長方形になるよね。

みつこ： 手すりの部分の縮《しゅく》図《ず》を紙にかいて考えよう。

たかお： よい考えだね。それなら、縮図にかいた線の長さをものさしで測って、その結果をもとにして計算すれば、手すりの長さを求められるね。

みつこ： らせん階段のどこの長さを調べれば、手すりの部分の縮図をかくことができるかな。

たかおさんと**みつこ**さんは、手すりの部分の縮図をかくのに必要な長さを調べることにしました。

図4

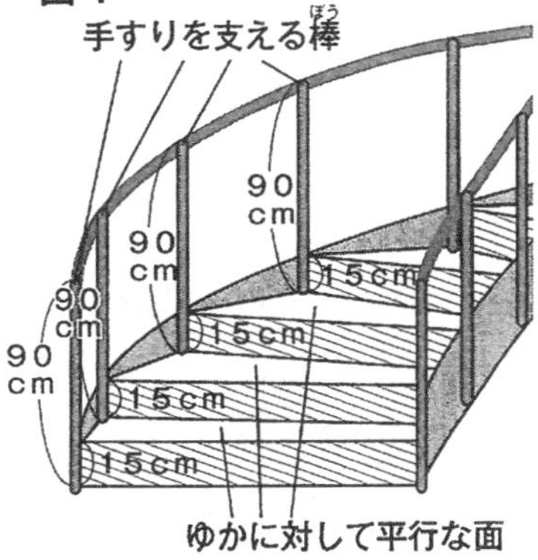

みつこ： 真上から見たときの大きい方の円の直径は４ｍだったよ。

たかお： ゆかに対して平行な面は、全て合同な図形と考えてよいね。

みつこ： 階段の１段の高さは１５ｃｍ、一番下の手すりを支える棒《ぼう》の長さはゆかから９０ｃｍ、他の棒の長さも全て９０ｃｍで、棒の間かくは全て等しかったよ（**図4**）。

たかお： では、実際の長さの１００分の１の縮図にして、手すりの部分の線をかいてみよう（**図5**）。

図5

〔問題２〕　解答用紙の図に、**図3**のらせん階段の外側の手すりの部分に当たる線をかきなさい。ただし、**図3**の★と▲の場所は、それぞれ**図5**の★と▲の場所に対応しているものとします。また、手すりの厚みは考えないことにします。

リボンを付け終えた**たかお**さんと**みつこ**さんは、らせん階段の種類について話し合っています。

みつこ：この前、真ん中に支柱が通っていて、真ん中が空いていないらせん階段を街で見かけたよ（**図6**）。

たかお：学校のらせん階段のような真ん中が空いているらせん階段は、真上から見ると大小二つの円に見えると考えたから、このらせん階段の場合は、真上から見ると一つの円に見えると考えてよいね。

みつこ：階段のはばが同じであれば、真ん中が空いていないらせん階段は、真ん中が空いているらせん階段と比べて、設置するために必要な面積は小さくて済《す》むね。

たかお：同じ高さを上るときに、真ん中が空いていないらせん階段を２周して上る場合（**図7**）と、真ん中が空いているらせん階段で１周して上る場合（**図8**）について考えてみようか。

みつこ：この二つのらせん階段の設置に必要な面積はどのくらいちがうのかな。

図6

図7

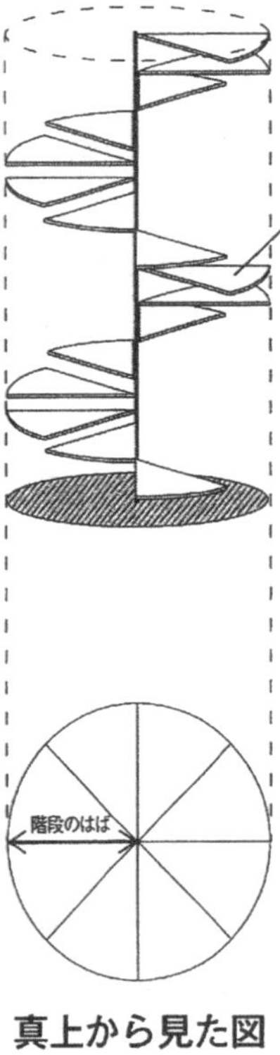

真上から見た図

図8

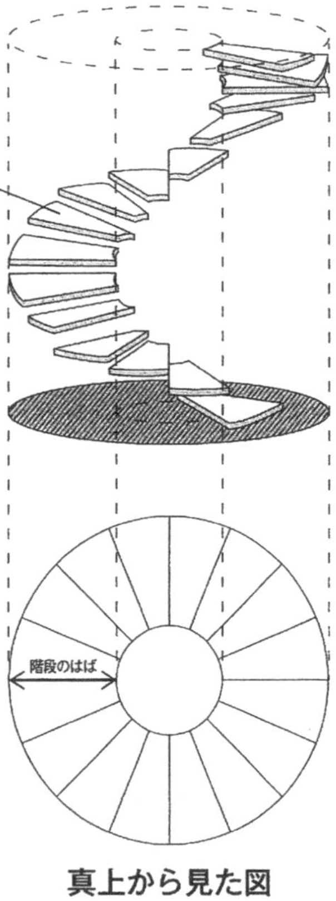

真上から見た図

〔問題3〕 **図7**と**図8**のらせん階段で、次の三つの条件を満たすような場合について考えます。

条件1　**図7**の支柱の太さは考えない。
条件2　階段のはばは、**図7**と**図8**のらせん階段で等しくする。
条件3　ゆかに対して平行な面の面積の合計は、**図7**と**図8**のらせん階段で等しくする。

　このとき、階段のはばを自分で決め、それを使って、**図8**のらせん階段の設置に必要な面積は、**図7**のらせん階段の設置に必要な面積の何倍になるかを求めなさい。また、その求め方を言葉と計算式を使って説明しなさい。ただし、らせん階段の設置に必要な面積は、**図7**、**図8**のの部分の円の面積のことです。

2 **花子**さんと**太郎**《たろう》さんは、休み時間に、給食の献立表《こんだてひょう》を見ながら話をしています。

花　子：今日の給食は何だろう。
太　郎：いわしのつみれ汁《じる》だよ。千葉県の郷土料理《きょうどりょうり》だね。郷土料理とは、それぞれの地域《ちいき》で、昔から親しまれてきた料理のことだと書いてあるよ。
花　子：千葉県の海沿《うみぞ》いでは、魚を使った郷土料理が食べられているんだね。日本は周囲を海に囲まれている国だから、他の地域でも、魚を使った郷土料理が食べられてきたのかな。
太　郎：そうかもしれないね。でも、毎日魚がとれたわけではないだろうし、大量にとれた日もあるだろうから、魚を保存《ほぞん》する必要があっただろうね。
花　子：それに、今とちがって冷蔵庫《れいぞうこ》や冷凍庫《れいとうこ》がなかったから、魚を保存するのに大変苦労したのではないかな。
太　郎：次の家庭科の時間に、日本の伝統的な食文化を調べることになっているから、さまざまな地域で、昔から親しまれてきた魚を使った料理と保存方法を調べてみよう。

花子さんと**太郎**さんは、家庭科の時間に、三つの地域の魚を使った料理と保存方法を調べ、**図1**にまとめました。

図1　花子さんと太郎《たろう》さんが調べた魚を使った料理と保存《ほぞん》方法の資料

①北海道小樽《おたる》市　料理名：サケのルイベ	
 サケのルイベ  サケ	材　　料：サケ 保存方法：内臓《ないぞう》をとり除《のぞ》いたサケを、切り身にして雪にうめた。サケを雪にうめて、こおらせることで、低い温度に保ち、傷《いた》みが進まないようにした。
②神奈川県小田原《おだわら》市　料理名：マアジのひもの	
 マアジのひもの  マアジ	材　　料：マアジ 保存方法：地元でとれるマアジを開き、空気がかわいた時期に、日光に当てて干《ほ》した。マアジを干すことで水分が少なくなり、傷みが進まないようにした。
③石川県金沢《かなざわ》市　料理名：ブリのかぶらずし	
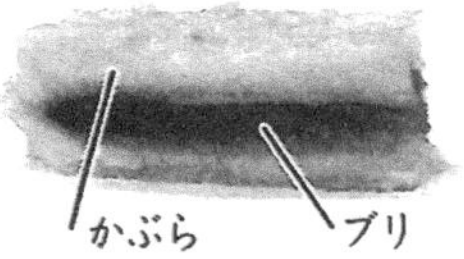 ブリのかぶらずし  ブリ	材　　料：ブリ、かぶら（かぶ）、＊1甘酒《あまざけ》など 保存方法：かぶら（かぶ）でブリをはさみ、甘酒につけた。空気が冷たく、しめった時期に、甘酒につけることで＊2発酵《はっこう》をうながし、傷みが進まないようにした。 ＊の付いた言葉の説明 ＊1 甘酒《あまざけ》：米にこうじをまぜてつくる甘《あま》い飲み物。 ＊2 発酵《はっこう》：細菌《さいきん》などの働きで物質が変化すること。発酵は、気温０度以下では進みにくくなる。

（農林水産省《のうりんすいさんしょう》ホームページなどより作成）

解答用紙　適性検査Ⅰ

1

〔問題1〕10点

（見えるもの）

20

（見えないもの）

20

〔問題2〕30点

100　25

受検番号

得点
※

※のらんには何も記入しないこと

※100点満点

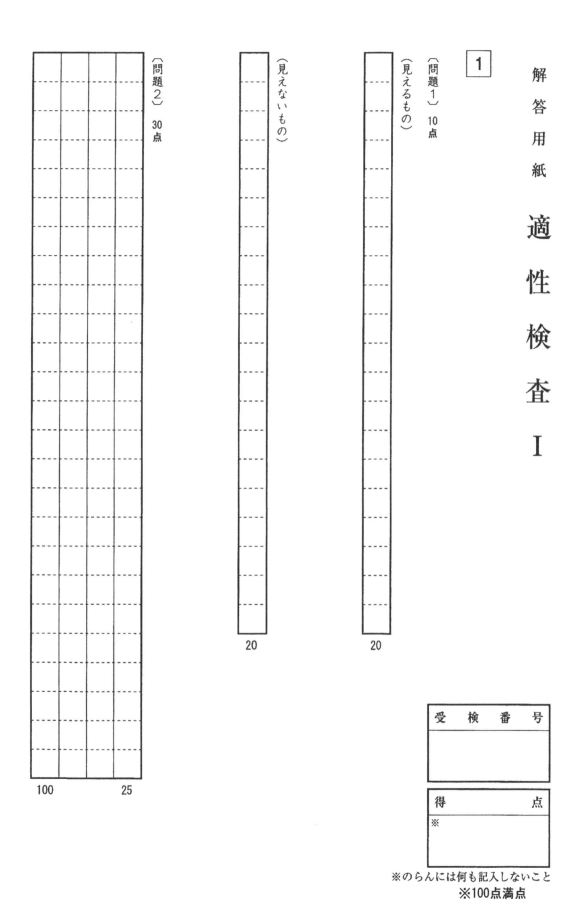

解答用紙　適性検査Ⅱ

※100点満点

受検番号	得点
	※

※のらんには、記入しないこと

1

〔問題１〕 15点

かざりの付け方は〔　　　　〕通り

〔説明〕

※

〔問題２〕 10点

※

〔問題３〕 15点

〔階《かい》段《だん》のはば〕〔　　　　〕m

図８のらせん階《かい》段《だん》の設置に必要な面積は
図７のらせん階《かい》段《だん》の設置に必要な面積の〔　　　　〕倍

〔説明〕

※

2

〔問題１〕15点

〔サケのルイベ〕

〔マアジのひもの〕

〔ブリのかぶらずし〕

※

〔問題２〕15点

（選んだ二つを◯で囲みなさい。）

米　・　小麦　・　そば

※

3

〔問題１〕 14点

（１）〔選んだもの〕

〔理由〕

（２）

※

〔問題２〕 16点

（１）

（２）〔サラダ油が見えなくなるもの〕

〔洗剤《せんざい》〕　滴《てき》

※

（4　三鷹）

400　350　300　200　100　25

花　子：どの料理に使われる魚も、冬に保存されているけれど、地域ごとに保存方法がちがうね。

太　郎：保存方法が異《こと》なるのは、地域の気候に関係しているからかな。

花　子：そうだね。では、**図1**の地域の気温と降水量《こうすいりょう》を調べてみよう。

花子さんと**太郎**さんは、**図1**の地域の月ごとの平均気温と降水量を調べました。

花　子：各地域の月ごとの平均気温と降水量をまとめてみると、**図2**のようになったよ。

図2　月ごとの平均気温と降水量《こうすいりょう》

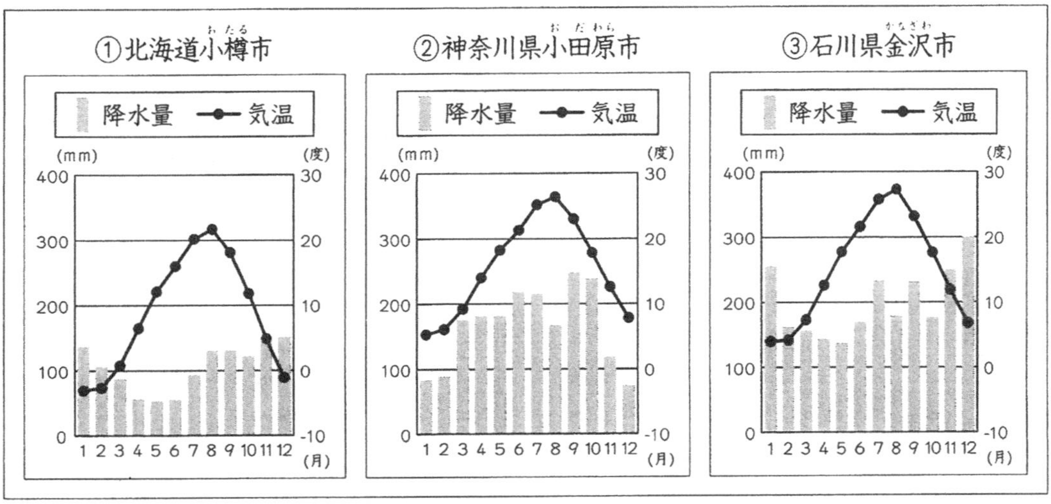

(気象庁《きしょうちょう》ホームページより作成)

太　郎：同じ月でも、地域によって平均気温や降水量がちがうし、同じ地域でも、月によって平均気温や降水量がちがうことが分かるね。

花　子：それぞれの地域で、月ごとの平均気温や降水量に適した保存方法が用いられているのだね。

〔問題1〕　花子さんは「それぞれの地域で、月ごとの平均気温や降水量に適した保存方法が用いられているのだね。」と言っています。**図1**の魚を使った料理は、それぞれどのような保存方法が用いられていますか。それらの保存方法が用いられている理由を、会話文を参考に、**図1**、**図2**と関連させて説明しなさい。

花子さんと太郎さんは、調べたことを先生に報告しました。

先　生：魚の保存方法と気温、降水量の関係についてよく調べましたね。

花　子：気温と降水量のちがいは、保存方法以外にも、郷土料理に影響《えいきょう》をあたえたのでしょうか。

先　生：では、次の資料を見てください。

図3　先生が示した地域《ちいき》

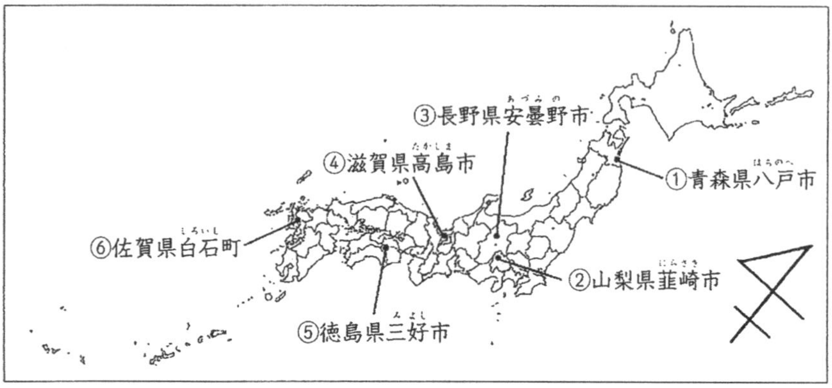

図4　先生が示した地域《ちいき》の郷土料理《きょうどりょうり》

①青森県八戸《はちのへ》市 せんべい汁の画像	せんべい汁《じる》：鶏肉《とりにく》でだしをとったスープに、小麦粉で作ったせんべいと、野菜を入れたなべ料理。	②山梨県韮崎《にらさき》市 ほうとうの画像	ほうとう：小麦粉で作っためんを、かぼちゃなどの野菜といっしょにみそで煮《に》こんだ料理。
③長野県安曇野《あづみの》市 手打ちそばの画像	手打ちそば：そば粉で作っためんを、特産品のわさびなどの薬味が入ったそばつゆにつけて食べる料理。	④滋賀県高島《たかしま》市 しょいめしの画像	しょいめし：野菜と千切りにした油揚《あぶらあ》げをしょうゆなどで煮て、そこに米を入れて炊《た》いた料理。
⑤徳島県三好《みよし》市 そば米雑すいの画像	そば米雑《ごめぞう》すい：米の代わりに、そばの実を塩ゆでし、からをむき、かんそうさせて、山菜などと煮こんだ料理。	⑥佐賀県白石《しろいし》町 すこずしの画像	すこずし：炊いた米に酢《す》などで味付けし、その上に野菜のみじん切りなどをのせた料理。

（農林水産省《のうりんすいさんしょう》ホームページなどより作成）

太　郎：先生が示された郷土料理の主な食材に注目すると、それぞれ米、小麦、そばのいずれかが活用されていることが分かりました。保存方法だけではなく、食材のちがいにも、気温と降水量が関係しているということでしょうか。

先　生：地形、標高、水はけ、土の種類など、さまざまな要因がありますが、気温と降水量も大きく関係しています。米、小麦、そばを考えるなら、その地域の年平均気温と年間降水量に着目する必要があります。

花　子：では、今度は月ごとではなく、それぞれの地域の年平均気温と年間降水量を調べてみます。

花子さんと**太郎**さんは**先生**が**図３**で示した地域の年平均気温と年間降水量を調べ、**表１**にまとめました。

表１　花子さんと太郎《たろう》さんが調べた地域《ちいき》の年平均気温と年間降水量《こうすいりょう》

	年平均気温（度）	年間降水量（mm）
① 青森県八戸《はちのへ》市	10.5	1045
② 山梨県韮崎《にらさき》市	13.8	1213
③ 長野県安曇野《あづみの》市	9.6	1889
④ 滋賀県高島《たかしま》市	14.1	1947
⑤ 徳島県三好《みよし》市	12.3	2437
⑥ 佐賀県白石《しろいし》町	16.1	1823

（気象庁《きしょうちょう》ホームページより作成）

先　生：よく調べましたね。

太　郎：ですが、**表１**では、**図４**の主な食材との関係が分かりにくいです。

花　子：そうですね。年平均気温が高い地域と低い地域、年間降水量が多い地域と少ない地域を、さらに分かりやすく表したいのですが、どうすればよいですか。

先　生：縦軸《たてじく》を年平均気温、横軸《よこじく》を年間降水量とした図を作成してみましょう。**表１**の地域の年平均気温と年間降水量をそれぞれ図に示し、主な食材が同じものを丸で囲んでみると、**図５**のようになります。

太　郎：**図４**と**図５**を見ると、主な食材と年平均気温や年間降水量との関係が見て取れますね。

花　子：そうですね。他の主な食材についても調べてみると面白そうですね。

図５　先生が示した図

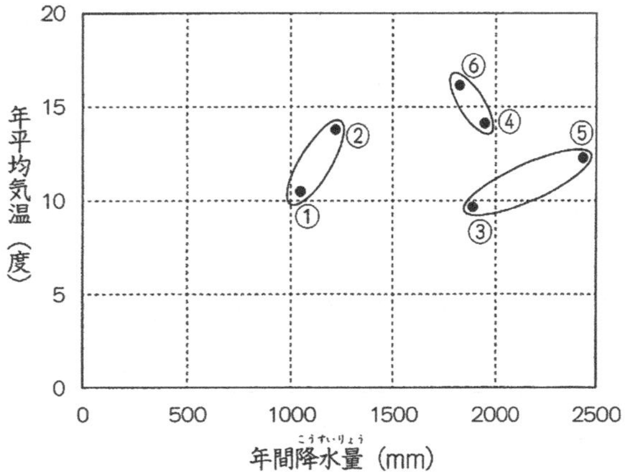

〔問題２〕　太郎さんは「**図４**と**図５**を見ると、主な食材と年平均気温や年間降水量との関係が見て取れますね。」と言っています。**図４**の郷土料理の中で主な食材である米、小麦、そばから二つを選びなさい。選んだ二つの食材がとれる地域の年平均気温、年間降水量を比べながら、それらの地域の年平均気温、年間降水量がそれぞれ選んだ食材とどのように関係しているのか、**図５**と会話文を参考にし、説明しなさい。

3 **花子**さん、**太郎《たろう》**さん、**先生**が石けんと洗剤《せんざい》について話をしています。

花　子：家でカレーライスを食べた後、すぐにお皿を洗《あら》わなかったので、カレーのよごれを落としにくかったよ。食べた後に、お皿を水につけておくとよかったのかな。

太　郎：カレーのよごれを落としやすくするために、お皿を水だけにつけておくより、水に石けんやいろいろな種類の洗剤を入れてつけておく方がよいのかな。調べてみたいな。

先　生：それを調べるには、**図1**のようなスポイトを用いるとよいです。スポイトは液体ごとに別のものを使うようにしましょう。同じ種類の液体であれば、このスポイトから液体をたらすと、1滴《てき》の重さは同じです。

図1　スポイト

二人は、先生のアドバイスを受けながら、次のような**実験1**を行いました。

実験1

手順1　カレールウをお湯で溶《と》かした液体を、**図2**のようにスライドガラスにスポイトで4滴たらしたものをいくつか用意し、12時間おく。

図2　スライドガラス

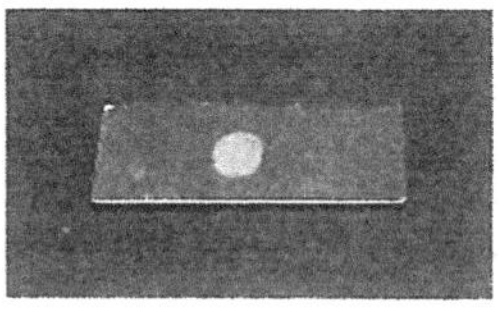

手順2　水100gが入ったビーカーを4個用意する。1個は水だけのビーカーとする。残りの3個には、スポイトを使って次の**ア**～**ウ**をそれぞれ10滴たらし、ビーカーの中身をよくかき混ぜ、液体**ア**、液体**イ**、液体**ウ**とする。

ア　液体石けん　　**イ**　台所用の液体洗剤　　**ウ**　食器洗い機用の液体洗剤

手順3　手順1で用意したスライドガラスを、手順2で用意したそれぞれの液体に、**図3**のように1枚《まい》ずつ入れ、5分間つけておく。

手順4　スライドガラスを取り出し、その表面を観察し、記録する。

手順5　観察したスライドガラスを再び同じ液体に入れ、さらに55分間待った後、手順4のように表面を観察し、記録する。

図3　つけておく様子

実験1の記録は、**表1**のようになりました。

表1　スライドガラスの表面を観察した記録

	水だけ	液体**ア**	液体**イ**	液体**ウ**
5分後	よごれがかなり見える。	よごれがほぼ見えない。	よごれが少し見える。	よごれがほぼ見えない。
60分後	よごれが少し見える。	よごれが見えない。	よごれが見えない。	よごれが見えない。

花　子：よごれが見えなくなれば、カレーのよごれが落ちているといえるのかな。

先　生：カレーのよごれには色がついているものだけでなく、でんぷんもふくまれます。

太　郎：でんぷんのよごれを落とすことができたか調べるために、ヨウ素液が使えるね。
先　生：けんび鏡で観察すると、でんぷんの粒《つぶ》を数えることができます。でんぷんのよごれの程度を、でんぷんの粒の数で考えるとよいです。

二人は、先生のアドバイスを受けながら、次のような**実験２**を行いました。

実験２

手順１　**実験１**の手順１と同様に、カレーがついたスライドガラスを新たにいくつか用意する。その１枚にヨウ素液を１滴たらし、けんび鏡を用いて１５０倍で観察する。**図４**のように接眼レンズを通して見えたでんぷんの粒の数を、液体につける前の粒の数とする。

図４　でんぷんの粒《つぶ》

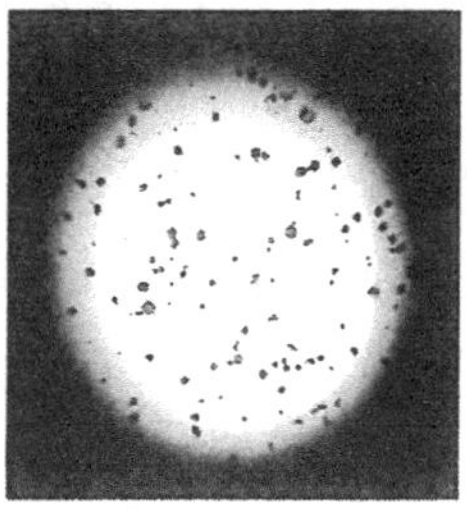

手順２　手順１で用意したスライドガラスについて、**実験１**の手順２～３を行う。そして、手順１のように観察し、それぞれのでんぷんの粒の数を５分後の粒の数として記録する。

手順３　手順２で観察したそれぞれのスライドガラスを再び同じ液体に入れ、さらに５５分間待った後、手順２のようにでんぷんの粒の数を記録する。

実験２の記録は、**表２**のようになりました。

表２　接眼レンズを通して見えたでんぷんの粒《つぶ》の数

	水だけ	液体**ア**	液体**イ**	液体**ウ**
５分後の粒の数（粒）	８０４	６３２	５０４	４７６
６０分後の粒の数（粒）	４８４	８２	６８	１６６

花　子：手順１で、液体につける前の粒の数は１７７２粒だったよ。
先　生：どのスライドガラスも液体につける前の粒の数は１７７２粒としましょう。
太　郎：５分後と６０分後を比べると、液体**ウ**より水だけの方が粒の数が減少しているね。

〔問題１〕（１）　よごれとして、色がついているよごれとでんぷんのよごれを考えます。**実験１**と**実験２**において、５分間液体につけておくとき、よごれを落とすために最もよいと考えられるものを液体**ア**～**ウ**から一つ選びなさい。また、その理由を、**実験１**と**実験２**をもとに書きなさい。

（２）　**実験２**において、５分後から６０分後までについて考えます。水だけの場合よりも液体**ウ**の場合の方が、でんぷんのよごれの程度をより変化させたと考えることもできます。なぜそう考えることができるのかを、**実験２**をもとに文章を使って説明しなさい。

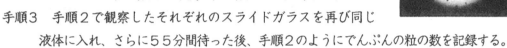

花　子：台所にこぼしたサラダ油を綿のふきんでふき取ったのだけれど、ふきんから油を落とすために洗剤《せんざい》の量をどれぐらいにするとよいのかな。

太　郎：洗剤の量を多くすればするほど、油をより多く落とすことができると思うよ。

先　生：**図１**のようなスポイトを用いて、水に入れる洗剤の量を増やしていくことで、落とすことができる油の量を調べることができます。

二人は、次のような**実験３**を行い、サラダ油５gに対して洗剤の量を増やしたときに、落とすことができる油の量がどのように変化するのか調べました。

実験３

手順１　２０．６gの綿のふきんに、サラダ油５gをしみこませたものをいくつか用意する。

手順２　**図５**のような容器に水１kgを入れ、洗剤を**図１**のスポイトで４滴《てき》たらす。そこに、手順１で用意したサラダ油をしみこませたふきんを入れる。容器のふたを閉《し》め、上下に５０回ふる。

手順３　容器からふきんを取り出し、手でしぼる。容器に残った液体を外へ流し、容器に新しい水１kgを入れ、しぼった後のふきんを入れる。容器のふたを閉め、上下に５０回ふる。

図５　容器

手順４　容器からふきんを取り出し、よくしぼる。ふきんを日かげの風通しのよいところで２４時間おき、乾燥《かんそう》させる。乾燥させた後のふきんの重さを電子てんびんではかる。

手順５　手順１～４について、**図１**のスポイトでたらす洗剤の量を変化させて、乾燥させた後のふきんの重さを調べる。

実験３の結果は、**表３**のようになりました。

表３　洗剤《せんざい》の量と乾燥《かんそう》させた後のふきんの重さ

洗剤の量（滴《てき》）	４	８	１２	１６	２０	２４	２８	３２	３６	４０
ふきんの重さ（g）	24.9	24.6	23.5	23.5	23.0	22.8	23.8	23.8	23.8	23.9

花　子：調理の後、フライパンに少しの油が残っていたよ。少しの油を落とすために、最低どのくらい洗剤の量が必要なのか、調べてみたいな。

太　郎：洗剤の量をなるべく減らすことができると、自然環境《かんきょう》を守ることになるね。洗剤に水を加えてうすめていって、調べてみよう。

先　生：洗剤に水を加えてうすめた液体をつくり、そこに油をたらしてかき混ぜた後、液体の上部に油が見えなくなったら、油が落ちたと考えることにします。

二人は、次のような**実験4**を行いました。

実験4

手順1　ビーカーに洗剤1gと水19gを加えて20gの液体をつくり、よくかき混ぜる。この液体を液体Aとする。液体Aを半分に分けた10gを取り出し、試験管**A**に入れる。液体Aの残り半分である10gは、ビーカーに入れたままにしておく。

手順2　手順1でビーカーに入れたままにしておいた液体A10gに水10gを加えて20gにし、よくかき混ぜる。これを液体Bとする。液体Bの半分を試験管**B**に入れる。

手順3　ビーカーに残った液体B10gに、さらに水10gを加えて20gとし、よくかき混ぜる。これを液体Cとする。液体Cの半分を試験管**C**に入れる。

手順4　同様に手順3をくり返し、試験管**D**、試験管**E**、試験管**F**、試験管**G**を用意する。

手順5　試験管**A**～**G**に**図1**のスポイトでそれぞれサラダ油を1滴入れる。ゴム栓《せん》をして試験管**A**～**G**を10回ふる。試験管をしばらく置いておき、それぞれの試験管の液体の上部にサラダ油が見えるか観察する。

手順6　もし、液体の上部にサラダ油が見えなかったときは、もう一度手順5を行う。もし、液体の上部にサラダ油が見えたときは、そのときまでに試験管にサラダ油を何滴入れたか記録する。

実験4の記録は、**表4**のようになりました。

表4　加えたサラダ油の量

	試験管**A**	試験管**B**	試験管**C**	試験管**D**	試験管**E**	試験管**F**	試験管**G**
サラダ油の量（滴《てき》）	59	41	38	17	5	1	1

〔問題2〕（1）　太郎さんは、「洗剤の量を多くすればするほど、油をより多く落とすことができると思うよ。」と予想しました。その予想が正しくないことを、**実験3**の結果を用いて説明しなさい。

（2）　フライパンに残っていたサラダ油0．4gについて考えます。新たに用意した**実験4**の試験管**A**～**G**の液体10gに、サラダ油0．4gをそれぞれ加えて10回ふります。その後、液体の上部にサラダ油が見えなくなるものを、試験管**A**～**G**からすべて書きなさい。また、**実験4**から、サラダ油0．4gを落とすために、**図1**のスポイトを用いて洗剤は最低何滴《てき》必要ですか。整数で答えなさい。

ただし、**図1**のスポイトを用いると、サラダ油100滴の重さは2．5g、洗剤100滴の重さは2gであるものとします。

③

適性検査Ⅰ

注意

1　問題は［1］のみで、**4ページ**にわたって印刷してあります。
2　検査時間は**四十五分**で、終わりは**午前九時四十五分**です。
3　声を出して読んではいけません。
4　答えは全て解答用紙に明確に記入し、**解答用紙だけを提出しなさい。**
5　答えを直すときは、きれいに消してから、新しい答えを書きなさい。
6　**受検番号**を解答用紙の決められたらんに記入しなさい。

東京都立三鷹中等教育学校

問題は次のページからです。

1 次の〔**文章**〕と〔**詩**〕を読み、あとの問題に答えなさい。

（※印の付いている言葉には本文のあとに〔**注**〕があります。）

〔文章〕

子どもの本の世界は、名づけることにはじまります。名づけるというのは、そのものをそのものの名でよぶということです。それは、現実をはっきりと見る、見つめなおすということ。

子どもの本を読んだあとで、わたしはときどき※猛然《もうぜん》と動物園にゆきたくなることがあります。たとえば物語に、オオヤマネコがでてくる。そうするとわたしは、オオヤマネコという動物がいると知ってはいるけれども、ほんとうは知らないことに気づく。それで動物園にゆくと、オオヤマネコなんていうのはいないのです。シベリヤオオヤマネコがいて、チョウセンヤマネコがいて、ウンピョウがいる。そのどれもオオヤマネコだけれども、それぞれにちがう。それで一時間ぐらいじっと見ていると、実におもしろいのです。物語がそのような仕方でまわりの世界の一つ一つにはっきりと目を向けさせてくれるということがあります。鳥だっておなじです。鳥という名の鳥はいない。木だってそうです。貝だって。

空想する力が観察する力を引っぱりだす。と同時に、観察する力によって空想する力の絞《しぼ》りが深くなる。そうやってまわりの世界の一つ一つとあらためて積極的な関係を結びなおす機会を、子どもの本は読むものにあたえてくれますが、そうした積極的な関係をみずから結びなおすことができてはじめてわたしたちは、物語のなかにじぶんの場所というものを見いだすのです。

キャサリン・ストーの『ポリーとはらぺこオオカミ』（掛川《かけがわ》恭子訳《やすこやく》）という小さな本を思いだします。それは実にたのしい本ですが、その本のおもしろさというのは、誰《だれ》でも知っている赤ずきんちゃんとオオカミの話を新しい読み方で読みなおして、誰もが知っているはずの話からまったく意外な物語をとりだしてくるおもしろさ。赤ずきんちゃんの物語なら※先刻承知《せんこくしょうち》と※たかでも括《くく》ろうものなら、たちまち※足もとをすくわれてしまいます。

当然こうなるはずだという※物差しがつかえない子どもの本の楽しさというのは、そうした※自明の世界、※既成《きせい》の世界というものを、疑《うたが》いやおどろきや好奇心《こうきしん》をもって、生き生きと読みなおしてゆく楽しさです。その楽しさを通して、わたしたちのいま、ここのありようを明るくする物語の世界への通路が、日常と伝説をつなぐ通路がひらかれるので、疑いやおどろきや好奇心をもつというのは、すべてが完了形《かんりょうけい》で語られてしまっているような自明の世界、既成の世界にあって、なお「なすこと」の夢がいま、ここにあるんだということをみずから確かめる、あるいは発見するよろこびです。

わたしは、子どもの本の世界というのは、それを読んでいる時間というより、読み終わってから後の時間というのが非常におおきな意味をもつ世界なのではないだろうか、と思っています。その本を読んだということと読まなかったということでは、じぶんがどこかでちがってくるということが、どうしたってあります。その物語なら物語が、じぶんの心のなかに、長い影《かげ》をどんなふうにのこすのか。それは、その物語のなかを通りぬけてくることによって、じぶんがそのときどんな経験のなかを通りぬけてきたかということですが、そうした※感受性の経験がじぶんのいま、ここを気づかないところでささえているということが、きっとあります。

（長田《おさだ》弘《ひろし》「本という不思議」による）

〔注〕

※猛然《もうぜん》——勢いの激《はげ》しいさま。

※先刻承知《せんこくしょうち》——事柄《ことがら》・事情について以前から十分に知っていること。

※たかでも括《くく》ろうものなら——その程度だろうと予測したならば。

※足もとをすくわれて——すきを突《つ》かれて失敗させられて。

※物差し——物事の価値《かち》などを判断する基準。

※自明——証明したり特にくわしく説明したりするまでもなく明らかなこと。

※既成《きせい》——すでにできて世にあること。

※感受性——ものを感じ取る能力。

〔詩〕

木がそこに立っていることができるのは
木が木であってしかも
何であるかよく分らないためだ

木を木と呼《よ》ばないと
私《わたし》は木すら書けない
木を木と呼んでしまうと
私は木しか書けない

でも木は
いつも木という言葉以上のものだ
或《あ》る朝私がほんとうに木に触《ふ》れたことは
永遠の謎《なぞ》なのだ

木を見ると
木はその※梢《こずえ》で私に空をさし示す
木を見ると
木はその落葉で私に大地を教える

木を見ると
木から世界が※ほぐれてくる

木は伐《き》られる
木は削《けず》られる
木は刻《きざ》まれる
木は塗《ぬ》られる
人間の手が触れれば触れるほど
木は※かたくなに木になってゆく

人々はいくつものちがった名を木に与《あた》え
それなのに
木はひとつも言葉をもっていない
けれど木が※微風《そよかぜ》に※さやぐ時
国々で
人々はただひとつの音に耳をすます
ただひとつの世界に耳をすます

（谷川《たにかわ》俊《しゅん》太郎《たろう》「木」による）

〈注〉

※梢《こずえ》——木の幹や枝の先。木の先端《せんたん》。
※ほぐれる——もつれたもの・固まったものがほどける。
※かたくなに——意地を張って自分の主張や態度を変えないさま。頑固《がんこ》。
※微風《そよかぜ》——そよそよと吹《ふ》く風。
※さやぐ——ざわざわと音を立てる。ざわめく。

〈問題1〉文章と詩において、「名づける」とはどういうことか、それぞれ分かりやすく、三〇字以上四〇字以内で説明しなさい。

〈問題2〉問題1でとらえた二つの考え方のどちらかに必ず触《ふ》れて、「じぶんがどこかでちがってくる」経験を具体的に三二五字以上三五〇字以内で説明しなさい。

〈きまり〉

○題名は書きません。
○最初の行から書き始めます。
○段落《だんらく》を設けず、一ますめから書きなさい。
○、や。や」などもそれぞれ字数に数えます。これらの記号が行の先頭に来るときには、前の行の最後の字と同じますめに書きます。
○。と」が続く場合には、同じますめに書きます。この場合、。」で一字と数えます。

適性検査Ⅱ

注　　意

1　問題は **1** から **3** までで、１２ページにわたって印刷してあります。

2　検査時間は**４５分**で、終わりは**午前１１時１０分**です。

3　声を出して読んではいけません。

4　計算が必要なときは、この問題用紙の余白を利用しなさい。

5　答えは全て解答用紙に明確に記入し、**解答用紙だけを提出しなさい。**

6　答えを直すときは、きれいに消してから、新しい答えを書きなさい。

7　**受検番号**を解答用紙の決められたらんに記入しなさい。

東京都立三鷹中等教育学校

問題は次のページからです。

1　**みつこ**さんと**たかお**さんは、自由研究の題材を探《さが》しに、博物館に行き、和風建築について展示《てんじ》されているコーナーを見学しています。

みつこ：畳《たたみ》の部屋がたくさんあるね。
たかお：本当だ、大広間や小部屋もある。
みつこ：私《わたし》の家の畳は長方形だけれど、正方形の畳もあるよ。
たかお：部屋の大きさや形に合わせて、使う畳の種類や枚数《まいすう》、並《なら》べ方を変えているね。

みつこさんと**たかお**さんは、畳の並べ方について**係員**に聞いてみることにしました。

図１

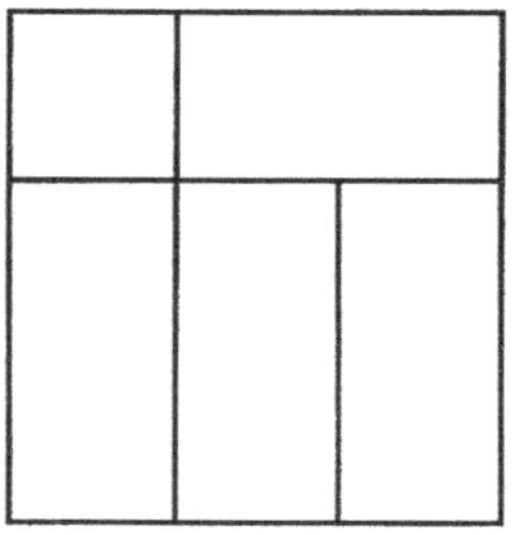

係　員：この部屋のゆかの形は正方形です。そこに正方形の畳１枚と、長方形の畳４枚を並べています。
長方形の畳は正方形の畳２枚分の大きさです。（**図１**）
みつこ：この部屋の広さのことを４畳《じょう》半というのですよね。
係　員：そうです。４畳半の正方形の形をしたゆかに畳を並べる方法は他にもあります。
たかお：どんな方法があるか考えてみるのはおもしろそうですね。
みつこ：紙を使って調べられないかな。
係　員：ここに縦《たて》の長さが１０ｃｍ、横の長さが２０ｃｍの長方形の紙が４枚と、１辺の長さが１０ｃｍの正方形の紙が１枚あります。
みつこ：この５枚の紙を使って正方形の形に並べる方法は全部で何通りあるのかな。
たかお：実際に紙を並べて考えてみよう。
みつこ：私たちが考えた並べ方（**図２**）は、２本の対角線が交わった点を中心にして回転させると展示されている畳の並べ方（**図１**）と同じだね。

図２

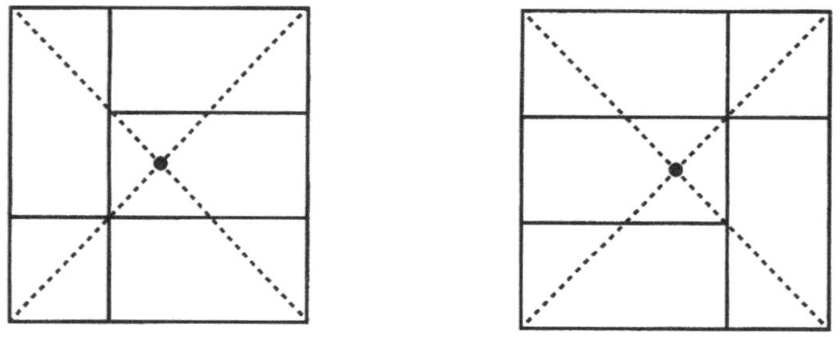

みつこさんが並《なら》べた図　　**たかおさんが並べた図**

たかお：５枚の紙を使って正方形の形に並べるときに、２本の対角線が交わった点を中心にして回転させるとぴったり重なる並べ方は同じ並べ方と考えることにしよう。他に並べ方はないかな。

〔問題１〕　会話文の下線部にある計５枚の紙を使って正方形の形に並べる方法は、**図１**、**図２**で示された１通り以外に全部で何通りあるか答えなさい。また、そのうちの２通りの図を、次の例にならってかきなさい。

＜解答らんの記入例＞

記入前　　　　　**記入後**

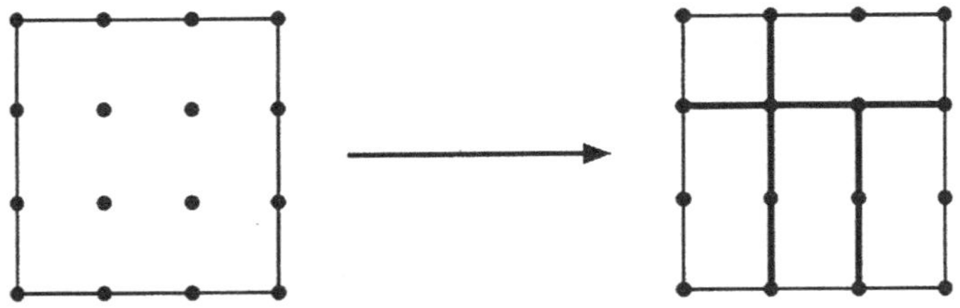

みつこさんと**たかお**さんは、次に、和算書《わさんしょ》が展示されているコーナーを見学しています。

みつこ：和算書というのはどういうものなのですか。

係　員：日本では江戸時代《えどじだい》に和算と呼《よ》ばれる独自の数学が発展しました。その和算を研究してまとめた数学書のことです。

たかお：この和算書は図形について書かれているね。

みつこ：円の面積を求める問題がのっているよ。

たかお：円の面積は（半径）×（半径）×（円周率）で求められるね。

係　員：円の面積を、円周率を使わずに計算していた時代もありました。そのことについて書かれている書物をしょうかいしましょう。

たかお：ぜひ教えてください。

係　員：例えば、古代エジプトの数学書で、「リンドパピルス」というものがあります。その本では、「円の面積は、円の直径からその９分の１を引いた長さを１辺とする正方形の面積と等しい」としていたそうです。この方法で計算すると、円周率を約３.１４として、(半径）×（半径）×（円周率）で計算したときとはちがう結果が出てきます。

たかお：つまり円周率が約３.１４ではないということですか。

みつこ：円周率はいくつになるのだろう。
たかお：円周率がいくつになるのかを確認《かくにん》する方法はないかな。
みつこ：直径を決めて計算したらどうかな。

〔問題２〕　直径を決めて、会話文の波線部にある円の面積の求め方から、円周率がいくつになるのか求めなさい。また、求め方を言葉と計算式を使って説明しなさい。ただし、計算した円周率は小数第三位を四捨五入《ししゃごにゅう》して小数第二位まで求めること。

みつこさんと**たかお**さんは、次に、東京都にある建築物の模型《もけい》が展示されているコーナーを見学しています。

みつこ：国会議事堂を見つけたよ。（**図３**）
たかお：中央の建物を中心に左右対称《さゆうたいしょう》になっているみたいだね。
みつこ：中央の建物の屋根の形が階段《かいだん》みたいだね。
たかお：自由研究で、国会議事堂の模型を作るというのはどうかな。
みつこ：屋根の形が難《むずか》しそうだけど、立方体を積めば、似たような形になるね。
たかお：今度学校で作ってみよう。

図３

次の日に二人は学校で、国会議事堂の屋根の模型の作り方について話し合いました。

たかお：立方体を使って３段作ったよ。（**図４**）
みつこ：立方体が上から１段めに１個、上から２段めに４個、上から３段めに９個あって、上の段の中央が下の段の中央の真上になるように積んであるね。
たかお：もし同じように５段めまで積んだら、上から５段めは立方体が２５個になるね。
みつこ：屋根の模型は上から何段めまで作ることにしようか。
たかお：上から１０段めまででどうかな。

図４

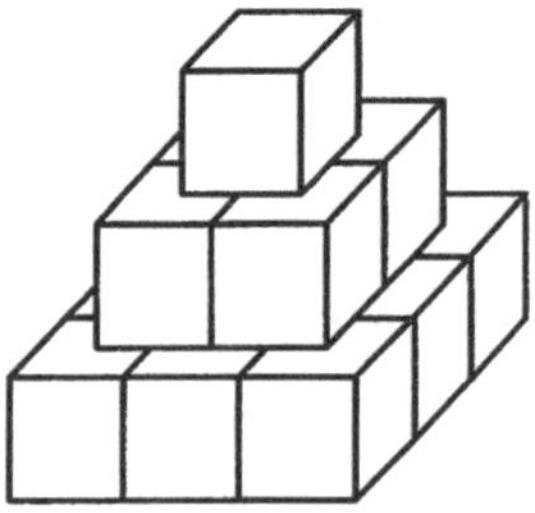

みつこ：それでいいと思うよ。色もつけたいね。

たかお：色画用紙をはって、色をつけよう。

みつこ：使う色画用紙の枚数をできるだけ少なくしたいね。

たかお：積んだときに見えていない部分には色画用紙をはる必要はないね。

〔問題３〕 同じ大きさの立方体を**図４**と同じようにして１０段積んで作った模型の表面に、４枚で立方体の一つの面の大きさになっている正方形の色画用紙をはるとき、必要な色画用紙の枚数は何枚になるか求めなさい。また、求め方を言葉と計算式を使って説明しなさい。ただし、ゆかに置いたときにゆかと接している面や、立方体と立方体が接している部分には色画用紙をはらないこととします。

２　**太郎**《たろう》さんと**花子**さんは、木材をテーマにした調べ学習をする中で、**先生**と話をしています。

太　郎：社会科の授業で、森林は、主に天然林と人工林に分かれることを学んだね。

花　子：天然林は自然にできたもので、人工林は人が植林して育てたものだったね。

太　郎：調べてみると、日本の森林面積のうち、天然林が約５５％、人工林が約４０％で、残りは竹林などとなっていることが分かりました。

先　生：人工林が少ないと感じるかもしれませんが、世界の森林面積にしめる人工林の割合《わりあい》は１０％以下ですので、それと比べると、日本の人工林の割合は高いと言えます。

花　子：昔から日本では、生活の中で、木材をいろいろな使い道で利用してきたことと関係があるのですか。

先　生：そうですね。木材は、建築材料をはじめ、日用品や燃料など、重要な資源《しげん》として利用されてきました。日本では、天然林だけでは木材資源を持続的に得ることは難《むずか》しいので、人が森林を育てていくことが必要だったのです。

太　郎：それでは、人工林をどのように育ててきたのでしょうか。

先　生：**図１**は、人工林を育てる森林整備サイクルの例です。

図１　人工林を育てる森林整備サイクルの例

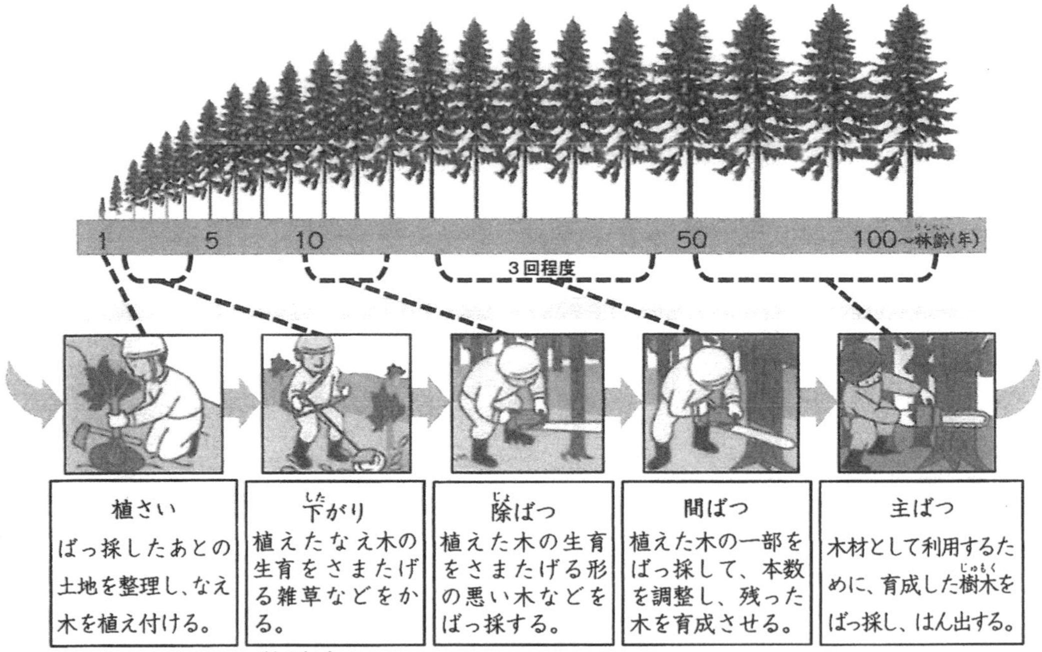

（林野庁《りんやちょう》「森林・林業・木材産業の現状と課題」 より作成）

先　生：これを見ると、なえ木の植え付けをしてから、木材として主ばつをするまでの木の成長過程と、植え付けてからの年数、それにともなう仕事の内容が分かりますね。一般的《いっぱんてき》に、森林の年齢《ねんれい》である林齢《りんれい》が、５０年を経過した人工林は、太さも高さも十分に育っているため、主ばつに適していると言われます。

花　子：今年植えたなえ木は、５０年後に使うことを考えて、植えられているのですね。

解答用紙

適性検査 I

1

（問題1）

（文章）

30

40

25

20点

（詩）

30

40

25

20点

受検番号

得点
※

※のらんには何も記入しないこと

※100点満点

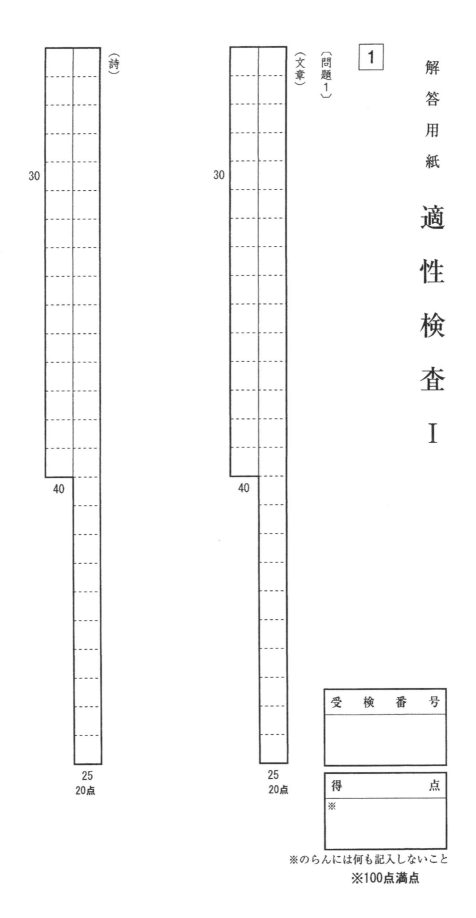

解答用紙　適性検査Ⅱ

受検番号

得点
※

※のらんには、記入しないこと

※100点満点

1

〔問題１〕12点

並《なら》べ方は、**図1**、**図2**で示された１通り以外に全部で〔　　　　〕通りある。

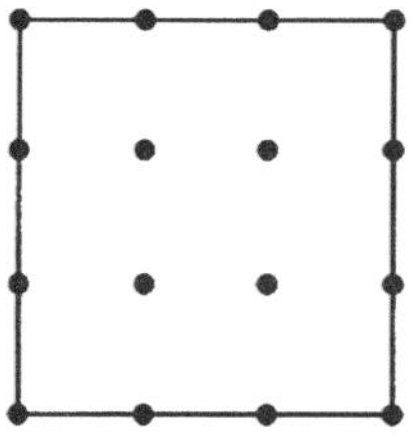

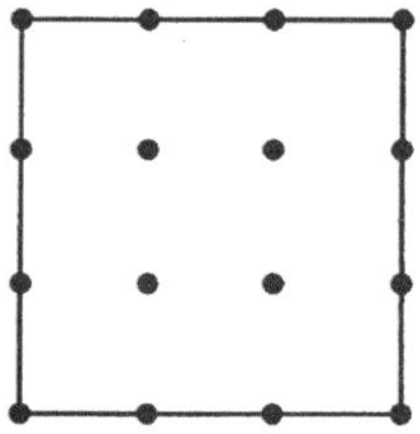

※

〔問題２〕14点

決めた直径〔　　　　〕ｃｍ	求めた円周率〔　　　　〕

〔説明〕

※

〔問題３〕14点

必要な色画用紙の枚数《まいすう》は〔　　　　　〕枚になる。

〔説明〕

※

2

〔問題１〕15点

※

〔問題２〕15点

（選んだ二つを○で囲みなさい。）

図3　　図4　　図5

※

3

〔問題１〕 **14点**

（１）

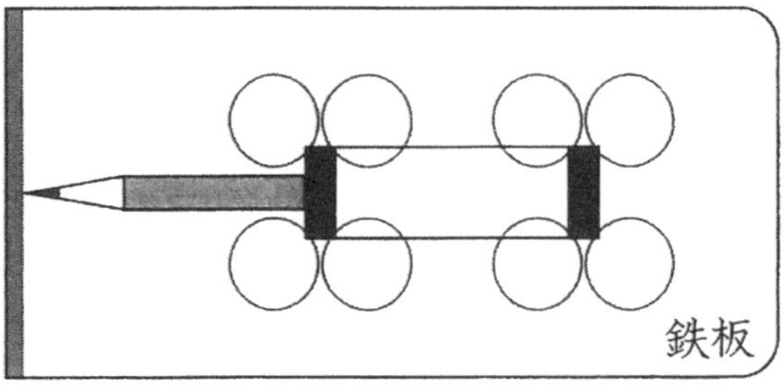

（２）

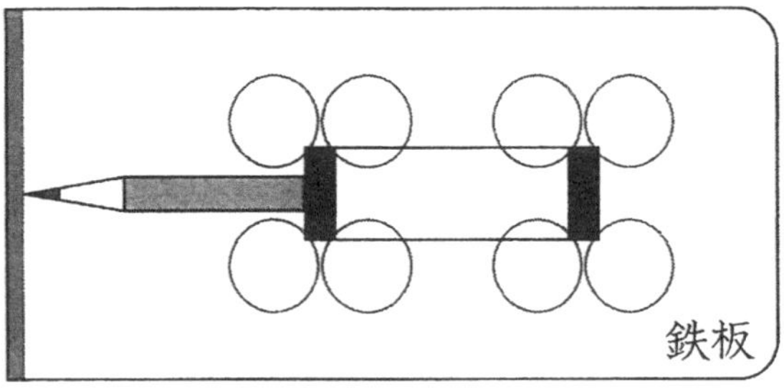

〔理由〕

※

〔問題２〕 **16点**

（１）　　　　　　　　　　個

（２）〔大きい場合〕

〔理由〕

※

（3　三鷹）

〔問題2〕

350　325　300　200　100　25

60点

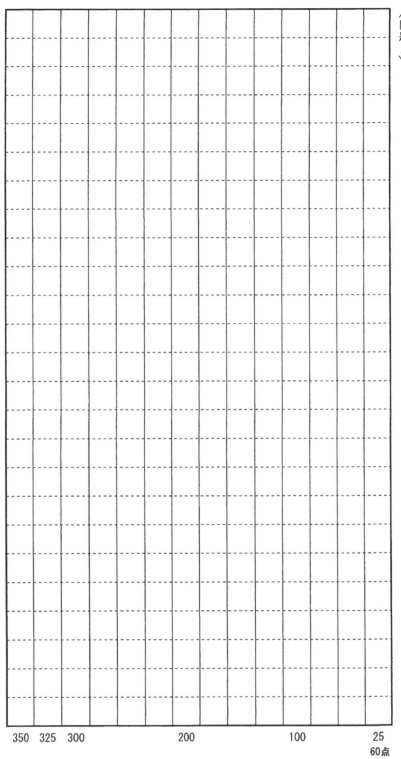

先　生：人工林を育てるには、長い期間がかかることが分かりましたね。次は、これを見てください。

図2　人工林の林齢《りんれい》別面積の構成

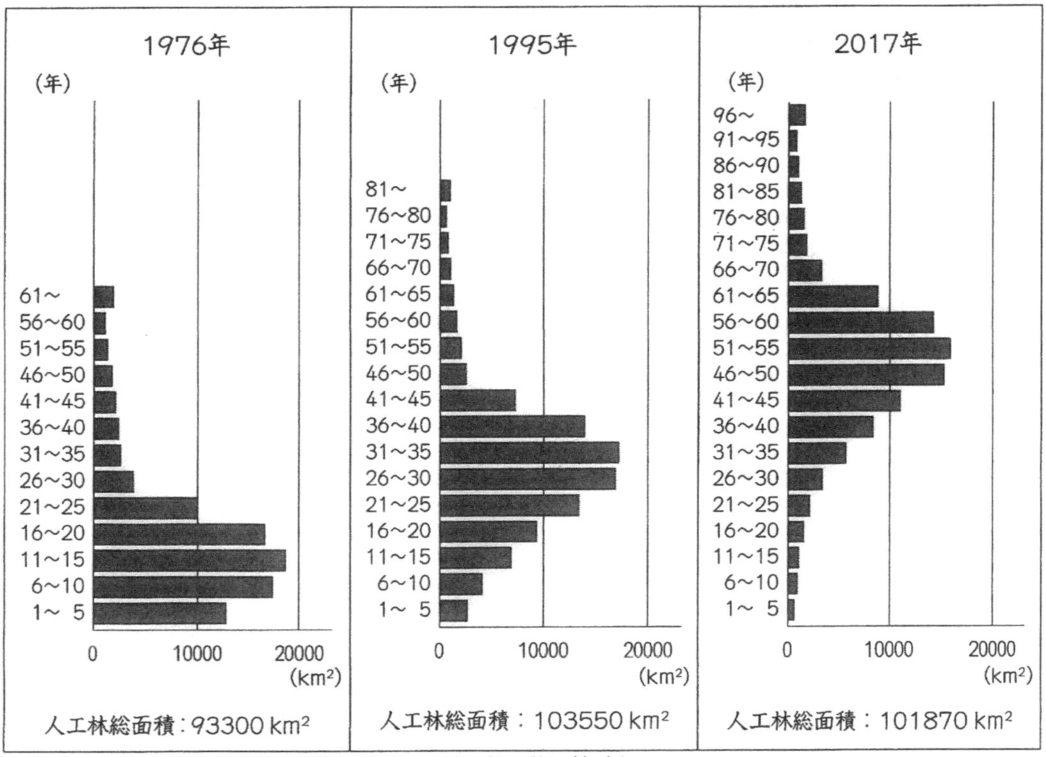

（林野庁《りんやちょう》「森林資源《しんりんしげん》の現況調査《げんきょうちょうさ》」より作成）

先　生：**図2**は、人工林の林齢別面積の移り変わりを示しています。

太　郎：２０１７年では、林齢別に見ると、４６年から６０年の人工林の面積が大きいことが分かります。

花　子：人工林の総面積は、１９９５年から２０１７年にかけて少し減っていますね。

先　生：日本の国土の約3分の２が森林で、森林以外の土地も都市化が進んでいることなどから、これ以上、人工林の面積を増やすことは難しいのです。

太　郎：そうすると、人工林を維持《いじ》するためには、主ばつした後の土地に植林をする必要があるということですね。

先　生：そのとおりです。では、これらの資料から、20年後、40年後といった先を予想してみると、これからも安定して木材を使い続けていく上で、どのような課題があると思いますか。

〔問題１〕　先生は「２０年後、４０年後といった先を予想してみると、これからも安定して木材を使い続けていく上で、どのような課題があると思いますか。」と言っています。持続的に木材を利用する上での課題を、これまでの会話文や**図１**の人工林の林齢と成長に着目し、**図２**から予想される人工林の今後の変化にふれて書きなさい。

花　子：人工林の育成には、森林整備サイクルが欠かせないことが分かりました。**図1**を見ると、林齢が５０年以上の木々を切る主ばつと、それまでに３回程度行われる間ばつがあります。高さや太さが十分な主ばつされた木材と、成長途中《せいちょうとちゅう》で間ばつされた木材とでは、用途《ようと》にちがいはあるのですか。

先　生：主ばつされた木材は、大きな建築材として利用できるため、価格も高く売れます。間ばつされた木材である間ばつ材は、そのような利用は難しいですが、うすい板を重ねて作る合板や、紙を作るための原料、燃料などでの利用価値《りようかち》があります。

太　郎：間ばつ材は、多く利用されているのですか。

先　生：いいえ、そうともいえません。間ばつ材は、ばっ採作業や運ぱんに多くのお金がかかる割《わり》に、高く売れないことから、間ばつ材の利用はあまり進んでいないのが現状です。間ばつは、人工林を整備していく上で、必ず行わなければならないことです。間ばつ材と呼《よ》ばれてはいますが、木材であることに変わりはありません。

花　子：そうですね。間ばつ材も、重要な木材資源として活用することが、資源の限られた日本にとって大切なことだと思います。

先　生：**図3**は、間ばつ材を使った商品の例です。

図3　間ばつ材を使用した商品

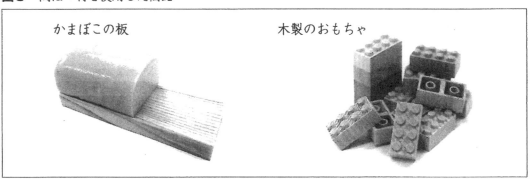

かまぼこの板　　木製のおもちゃ

太　郎：小さい商品なら、間ばつ材が使えますね。おもちゃは、プラスチック製のものをよく見ますが、間ばつ材を使った木製のものもあるのですね。

花　子：**図3**で取り上げられたもの以外にも、間ばつ材の利用を進めることにつながるものはないか調べてみよう。

太　郎：私《わたし》も間ばつ材に関する資料を見つけました。

図4　間ばつ材に関する活動

紙コップに印刷された間ばつ材マーク　　小学生向け間ばつ体験

（全国森林組合連合会　間伐材《かんばつざい》マーク事務局《じむきょく》ホームページより）　（和歌山県観光連盟《わかやまけんかんこうれんめい》ホームページより）

太　郎：**図4**の間ばつ材マークは、間ばつ材を利用していると認《みと》められた製品に表示されるマークです。間ばつや、間ばつ材利用の重要性などを広く知ってもらうためにも利用されるそうです。

花　子：**図4**の間ばつ体験をすることで、実際に林業にたずさわる人から、間ばつの作業や、間ばつ材について聞くこともできるね。私も間ばつ材の利用を進めることに関する資料を見つけました。

図5　林業に関する資料

高性能の林業機械を使った間ばつの様子

（中部森林管理局ホームページより）

間ばつ材の運ぱんの様子

（長野《ながの》森林《しんりん》組合《くみあい》ホームページより）

花　子：木材をばっ採し運び出す方法は、以前は、小型の機具を使っていましたが、**図5**のような大型で高性能の林業機械へと変わってきています。

先　生：間ばつ材の運ぱんの様子も、**図5**をみると、大型トラックが大量の木材を運んでいることが分かります。国としても、このような木材を運び出す道の整備を推進《すいしん》しているのですよ。

太　郎：機械化が進み、道が整備されることで、効率的な作業につながりますね。

先　生：これらの資料を見比べてみると、間ばつ材についての見方が広がり、それぞれ関連し合っていることが分かりますね。

花　子：間ばつ材の利用を進めるためには、さまざまな立場から取り組むことが大切だと思いました。

〔問題２〕　花子さんは、「間ばつ材の利用を進めるためには、さまざまな立場から取り組むことが大切だと思いました。」と言っています。「**図3**　間ばつ材を使用した商品」、「**図4**　間ばつ材に関する活動」、「**図5**　林業に関する資料」の三つから二つの図を選択《せんたく》した上で、選択した図がそれぞれどのような立場の取り組みで、その二つの取り組みがどのように関連して、間ばつ材利用の促進《そくしん》につながるのかを説明しなさい。

3 **花子**さん、**太郎**《たろう》さん、**先生**が磁石《じしゃく》について話をしています。

花　子：磁石の力でものを浮《う》かせる技術が考えられているようですね。
太　郎：磁石の力でものを浮かせるには、磁石をどのように使うとよいのですか。
先　生：**図１**のような円柱の形をした磁石を使って考えてみましょう。この磁石は、一方の底面が**Ｎ**極になっていて、もう一方の底面は**Ｓ**極になっています。この磁石をいくつか用いて、ものを浮かせる方法を調べることができます。

図１　円柱の形をした磁石《じしゃく》

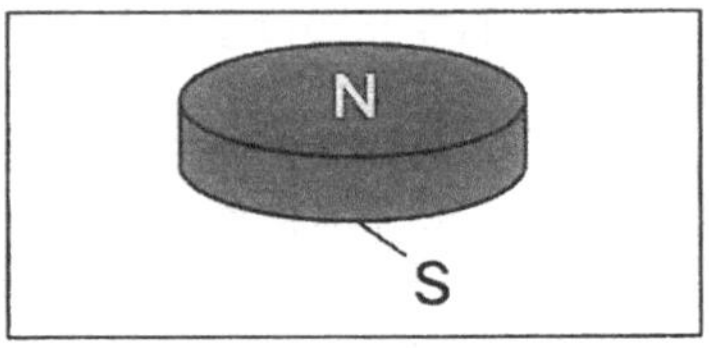

花　子：どのようにしたらものを浮かせることができるか実験してみましょう。

二人は先生のアドバイスを受けながら、次の手順で**実験１**をしました。

実験１

手順１　**図１**のような円柱の形をした同じ大きさと強さの磁石をたくさん用意する。そのうちの１個の磁石の底面に、**図２**のように底面に対して垂直《すいちょく》にえん筆を接着する。

手順２　**図３**のようなえん筆がついたつつを作るために、透明《とうめい》なつつを用意し、その一方の端《はし》に手順１でえん筆を接着した磁石を固定し、もう一方の端に別の磁石を固定する。

手順３　**図４**のように直角に曲げられた鉄板を用意し、一つの面を地面に平行になるように固定し、その鉄板の上に４個の磁石を置く。ただし、磁石の底面が鉄板につくようにする。

手順４　鉄板に置いた４個の磁石の上に、手順２で作ったつつを**図５**のように浮かせるために、えん筆の先を地面に垂直な鉄板の面に当てて、手をはなす。

手順５　鉄板に置いた４個の磁石の表裏《おもてうら》や位置を変えて、つつを浮かせる方法について調べる。ただし、上から見たとき、４個の磁石の中心を結ぶと長方形になるようにする。

図２　磁石とえん筆

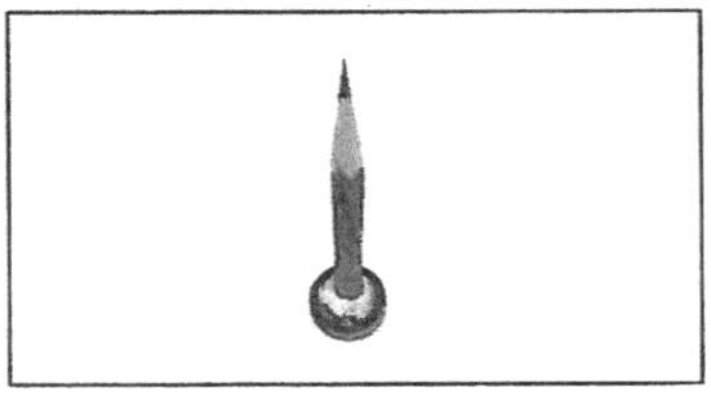

図３　えん筆がついたつつ

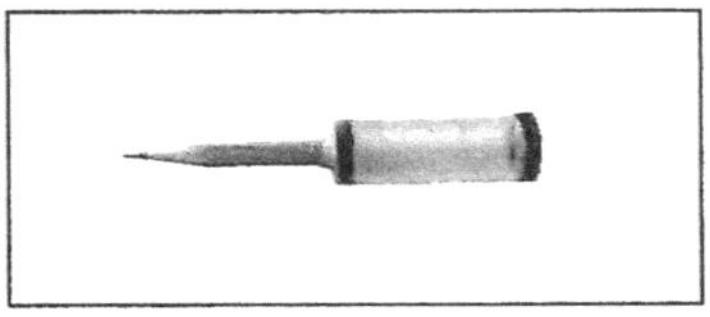

図４　鉄板と磁石４個

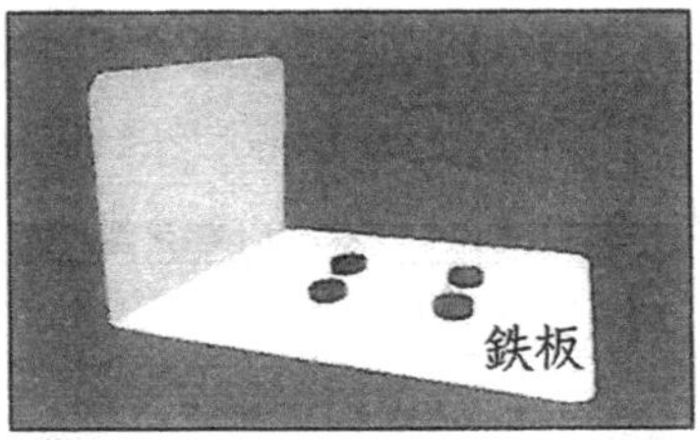

図５　磁石の力で浮《う》かせたつつ

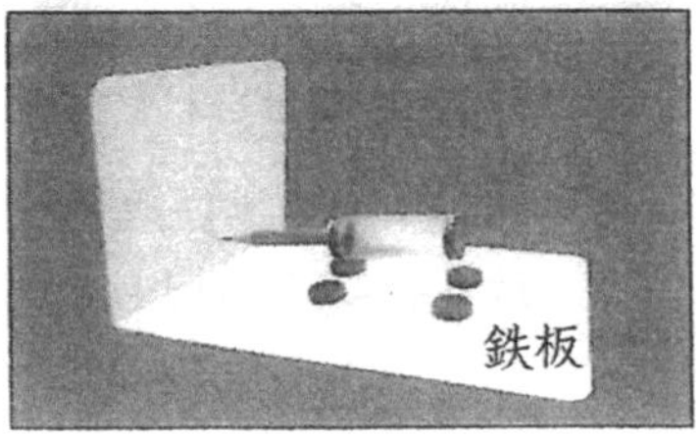

太　郎：つつに使う２個の磁石の**N**極と**S**極の向きを変えると、**図6**のように(あ)～(え)の４種類のえん筆がついたつつをつくることができるね。

図6　４種類のつつ

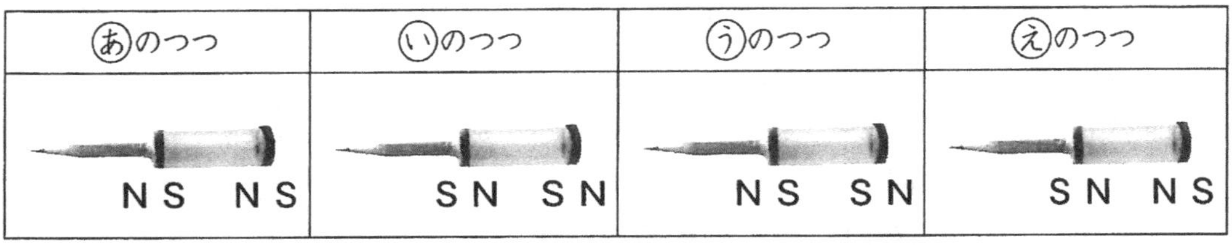

花　子：(あ)のつつを浮かせてみましょう。

太　郎：鉄板を上から見たとき、**図7**の**ア**や**イ**のようにすると、**図5**のように(あ)のつつを浮かせることができたよ。

図7　上から見た(あ)のつつと、鉄板に置いた４個の磁石の位置と上側の極

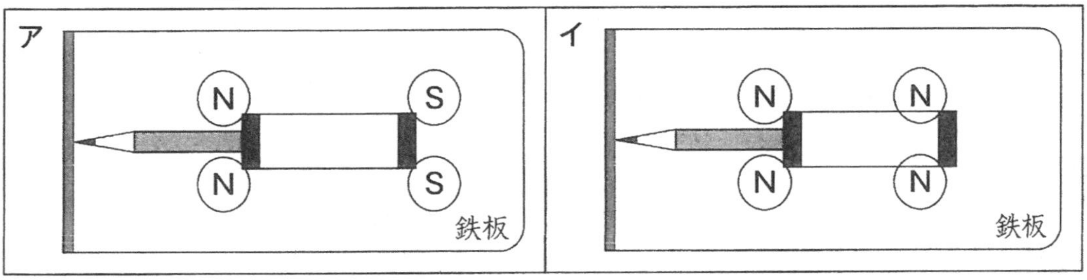

花　子：(あ)のつつを浮かせる方法として、**図7**の**ア**と**イ**の他にも組み合わせがいくつかありそうだね。

太　郎：そうだね。さらに、(い)や(う)、(え)のつつも浮かせてみたいな。

〔問題１〕（１）　**実験１**で**図7**の**ア**と**イ**の他に(あ)のつつを浮かせる組み合わせとして、４個の磁石をどの位置に置き、上側をどの極にするとよいですか。そのうちの一つの組み合わせについて、解答らんにかかれている８個の円から、磁石を置く位置の円を４個選び、選んだ円の中に磁石の上側が**N**極の場合は**N**、上側が**S**極の場合は**S**を書き入れなさい。

（２）　**実験１**で(え)のつつを浮かせる組み合わせとして、４個の磁石をどの位置に置き、上側をどの極にするとよいですか。そのうちの一つの組み合わせについて、（１）と同じように解答らんに書き入れなさい。また、書き入れた組み合わせによって(え)のつつを浮かせることができる理由を、(あ)のつつとのちがいにふれ、**図7**の**ア**か**イ**をふまえて文章で説明しなさい。

花　子：黒板に画用紙をつけるとき、**図８**のようなシートを使うことがあるね。

太　郎：そのシートの片面《かためん》は磁石になっていて、黒板につけることができるね。反対の面には接着剤《せっちゃくざい》がぬられていて、画用紙にそのシートを貼《は》ることができるよ。

花　子：磁石となっている面は、**Ｎ**極と**Ｓ**極のどちらなのですか。

先　生：磁石となっている面にまんべんなく鉄粉をふりかけていくと、鉄粉は**図９**のように平行なすじを作って並《なら》びます。これは、**図１０**のように**Ｎ**極と**Ｓ**極が並んでいるためです。このすじと平行な方向を、**Ａ**方向としましょう。

太　郎：接着剤がぬられている面にさまざまな重さのものを貼り、磁石となっている面を黒板につけておくためには、どれぐらいの大きさのシートが必要になるのかな。

花　子：シートの大きさを変えて、**実験２**をやってみましょう。

図８　シートと画用紙

図９　鉄粉の様子

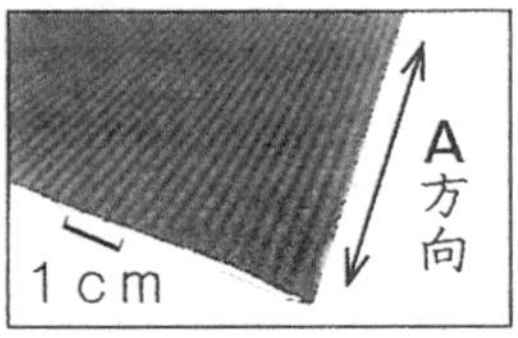

図１０　**Ｎ**極と**Ｓ**極

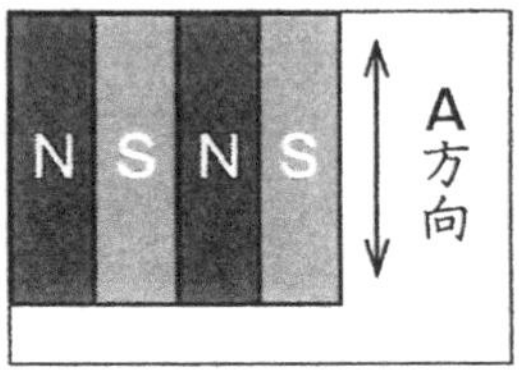

二人は次の手順で**実験２**を行い、その記録は**表１**のようになりました。

実験２

手順１　表面が平らな黒板を用意し、その黒板の面を地面に垂直に固定する。

手順２　シートの一つの辺が**Ａ**方向と同じになるようにして、１辺が１ｃｍ、２ｃｍ、３ｃｍ、４ｃｍ、５ｃｍである正方形に、シートをそれぞれ切り取る。そして、接着剤がぬられている面の中心に、それぞれ１０ｃｍの糸の端《はし》を取り付ける。

手順３　**図１１**のように、１辺が１ｃｍの正方形のシートを、**Ａ**方向が地面に垂直になるように磁石の面を黒板につける。そして糸に１０ｇのおもりを一つずつ増やしてつるしていく。おもりをつるしたシートが動いたら、その時のおもりの個数から一つ少ない個数を記録する。

手順４　シートを**Ａ**方向が地面に平行になるように、磁石の面を黒板につけて、手順３と同じ方法で記録を取る。

手順５　１辺が２ｃｍ、３ｃｍ、４ｃｍ、５ｃｍである正方形のシートについて、手順３と手順４を行う。

図１１　**実験２**の様子

表１　**実験２**の記録

正方形のシートの１辺の長さ（ｃｍ）	１	２	３	４	５
Ａ方向が地面に垂直《すいちょく》なときの記録（個）	０	２	５	１６	２３
Ａ方向が地面に平行なときの記録（個）	０	２	５	１７	２６

太　郎：さらに多くのおもりをつるすためには、どうするとよいのかな。

花　子：おもりをつるすシートとは別に、シートをもう１枚《まい》用意し、磁石の面どうしをつけるとよいと思うよ。

先　生：それを確かめるために、**実験２**で用いたシートとは別に、一つの辺がＡ方向と同じになるようにして、１辺が１ｃｍ、２ｃｍ、３ｃｍ、４ｃｍ、５ｃｍである正方形のシートを用意しましょう。次に、そのシートの接着剤がぬられている面を動かないように黒板に貼って、それに同じ大きさの**実験２**で用いたシートと磁石の面どうしをつけてみましょう。

太　郎：それぞれのシートについて、Ａ方向が地面に垂直であるときと、Ａ方向が地面に平行であるときを調べてみましょう。

二人は新しくシートを用意しました。そのシートの接着剤がぬられている面を動かないように黒板に貼りました。それに、同じ大きさの**実験２**で用いたシートと磁石の面どうしをつけて、**実験２**の手順３～５のように調べました。その記録は**表２**のようになりました。

表２　磁石の面どうしをつけて調べた記録

正方形のシートの１辺の長さ（ｃｍ）	１	２	３	４	５
Ａ方向が地面に垂直なシートに、 Ａ方向が地面に垂直なシートをつけたときの記録（個）	０	３	７	１６	２７
Ａ方向が地面に平行なシートに、 Ａ方向が地面に平行なシートをつけたときの記録（個）	１	８	１９	４３	５０
Ａ方向が地面に垂直なシートに、 Ａ方向が地面に平行なシートをつけたときの記録（個）	０	０	１	２	３

〔問題２〕（１）　１辺が１ｃｍの正方形のシートについて考えます。Ａ方向が地面に平行になるように磁石の面を黒板に直接つけて、**実験２**の手順３について２ｇのおもりを用いて調べるとしたら、記録は何個になると予想しますか。**表１**をもとに、考えられる記録を一つ答えなさい。ただし、糸とシートの重さは考えないこととし、つりさげることができる最大の重さは、１辺が３ｃｍ以下の正方形ではシートの面積に比例するものとします。

（２）　次の①と②の場合の記録について考えます。①と②を比べて、記録が大きいのはどちらであるか、解答らんに①か②のどちらかを書きなさい。また、①と②のそれぞれの場合についてＡ方向とシートの面のＮ極やＳ極にふれて、記録の大きさにちがいがでる理由を説明しなさい。

①　Ａ方向が地面に垂直なシートに、Ａ方向が地面に平行なシートをつける。

②　Ａ方向が地面に平行なシートに、Ａ方向が地面に平行なシートをつける。

適性検査Ⅰ

注意

1 問題は 1 のみで、**7ページ**にわたって印刷してあります。
2 検査時間は**四十五分**で、終わりは**午前九時四十五分**です。
3 声を出して読んではいけません。
4 答えは全て解答用紙に明確に記入し、**解答用紙だけを提出しなさい。**
5 答えを直すときは、きれいに消してから、新しい答えを書きなさい。
6 **受検番号**を解答用紙の決められたらんに記入しなさい。

②

東京都立三鷹中等教育学校

問題は次のページからです。

1 次の〔文章A〕と〔文章B〕を読んで、それぞれの文章に関する設問に答えなさい。（※印の付いている言葉には本文のあとに〔注〕があります。）

〔文章A〕

本の栞《しおり》が好きだ。

スピン（紐《ひも》）が付いている本は便利だけれど、スピンが付いていない本に、どの栞を使うか考えるのは楽しい。

革《かわ》のもの、金属製のもの、プラスチックのもの、そして圧倒的《あっとうてき》に多い紙のもの。いろいろ持っているが、クリップタイプのものはページに痕《あと》が付くので使わない。

どこかに旅行に行って、お土産屋《みやげや》さんに入った時も、栞があるとつい買ってしまう。既《すで》に売るほどたんまり持っているのに、である。

それどころか、常に栞になる紙を探《さが》している。お菓子《かし》の包み紙や、※一筆箋《いっぴつせん》の表紙など、少し厚みがあって綺麗《きれい》な紙があると、栞のサイズに加工する癖《くせ》がついている。そんなこんなが引き出しひとつに、入りきれないほどぎっしり詰《つ》まっている。どうしても捨《す》てることができない。

ここ数年は、洋服を買った時に付いている※タグを栞にするのがマイブームだ。某《ぼう》アメリカ※資本の※ファストファッションのタグは、厚みといい大きさといいデザインといい、栞にぴったりである。そんな話をしたら、長いつきあいの編集者も同じことをしていると聞いて、なんとなく嬉《うれ》しかった。

そのくせ、使う栞はだいたいいつも同じものに決まっているので、「これ、栞になるな」と加工したものや、タグを転用したものは引き出しに詰め込《こ》まれたままになってしまう。時々《ときどき》引き出しを開けて、ああ、こんなのもあった、これもあったと取り出して眺《なが》めてみるが、結局また引き出しに戻《もど》して閉《し》めるだけだ。

しかも、これだけ栞を持っているくせに、旅先で読む本には栞を使わない。なぜかというと、以前、お気に入りの栞を持って旅に出たのだが、旅先で落としてきてしまい、とても悔《くや》しい思いをしたからである。だから、旅先で読んでいる本は栞代わりにオビを挟《はさ》んだり、中に入っているチラシを挟んだりしている。我《われ》ながら、なんだか※矛盾《むじゅん》しているなと思う（こういう時のための栞ではないか！）。

数年前までは、毎晩《まいばん》寝《ね》る前に本を一冊《いっさつ》読みきれていたので、あまり栞を使うことはなかった。しかし、ここ数年、夜に弱くなってすぐ眠《ねむ》くなってしまうようになり、読みかけの本がどんどん増えて、栞を挟んだままになっている本があちこちに積んである。

※読みさしの本は、気になるものだ。挟まれたままの栞が「早くここから出してくれ」と訴《うった》えているように感じる。すまんすまん、今、ちょっと続きを読む時間がないんで、もうしばらくそこで我慢《がまん》しててくれ、と言いたくなる。

その一方で、挟んだ栞がほんの少し上に出ている本の姿《すがた》に惹《ひ》かれる。「今読んでいる途中《とちゅう》です」という風情《ふぜい》にグッと来るのだ。電車の中で、向かい側に座《すわ》っている人が本を読んでいて、降《お》りる駅だと気付いてハッとして、サッと栞を挟んで立ち上がる姿にも、なぜかじーんとする。

結局のところ、私《わたし》は「本を読む」という行為《こうい》に魅《み》せられているのだと思う。人が熱心に本を読んでいる姿には、どこかハッとさせられるものがある。そう感じるのは私だけではないらしく、昔から読書する人の姿はよく絵に描《えが》かれてきたし、その姿ばかり集めた写真集も出ている。

本を読んでいると、猫《ねこ》が膝《ひざ》や本に乗ってきて邪魔《じゃま》をする、という話もよく聞く。猫から見ても、人が本を読んでいる姿にどこか不思議なものを感じるのかもしれない。恐《おそ》らく、主人がどこか別の世界に行ってしまっていることに気付いていて、引き戻《もど》そうとしているのではないだろうか。

あらゆる情報が「流れてくる」ものや「※享受《きょうじゅ》する」ものになり、自分が情報を選んでいるのか、選ばされているのか、もはや不明である。モニター上で見る大量の文字情報は、みんなのっぺりと澄《す》まし顔をしていて、どれが本当なのか、どれが※ダミーなのかちっとも分からない。もしこれが本ならば、だいたい一目見て、ぱらぱらめくってみれば、そのたたずまいや気配から、※胡散臭《うさんくさ》いものか、真っ当なものか直感で判断できるのに。

モニター上で接する情報は、「読んで」いるのではなく、「眺めて」いるとしか思えない。何かを調べようとしても、目にしたそばから消えてゆくし、あとに残るのは自分が物事の表層《ひょうそう》を撫《な》でて、※付《つ》け焼《や》き刃《ば》にもならないものを、誰《だれ》かとの会話で口にするためだけに引っ張ってきたという※後ろめたさのみ。あまりにも膨大《ぼうだい》な情報の海に、誰もが※難破《なんば》しかけている。そのくせ、本当に知りたいことはネット上で手に入れられたためしがない。
「本を読む」というのは、それとは全く※似て非なる行為だ。本という物体を手に取って開き、著者《ちょしゃ》と※対峙《たいじ》するのは、とても個人的で※能動的な行為なのだと思う。一冊一冊が、まさに著者との一対一の真剣勝負《しんけんしょうぶ》。※ガチンコ勝負は、いつだって面白《おもしろ》い。だからこそ、こんなにも強く魅せられてきたし、これからも魅せられ続けるのだろう。
さて、溜《た》まっていた仕事もようやく終わりに近付いた。この原《げん》稿《こう》を書き終わったら、しばらく積んでおいた本から一冊取り出して、閉《と》じこめられていた栞を救出することにしよう。

（恩田陸《おんだりく》「栞《しおり》の救出」
日本経済新聞二〇一七年十月二十九日朝刊による）

〔注〕

※一筆箋《いっぴつせん》――かんたんな手紙や文を書くための紙。
※タグ――商品についているふだ。
※資本――ある仕事をするのに必要なお金。元手《もとで》。
※ファストファッション――最新の流行を取り入れながら、低価格におさえた衣料品を売る店の商品。
※矛盾《むじゅん》――ものごとの前後のつながり方が合わないこと。
※読みさし――読みかけ。
※享受《きょうじゅ》――受け入れて自分のものにすること。
※ダミー――実物のように見せかけたもの。
※胡散臭《うさんくさ》い――なんとなくあやしい。
※付《つ》け焼《や》き刃《ば》――そのときだけを、うまくごまかすためのやり方。
※後ろめたさ――悪いことをしたと感じて、気がかりであること。
※難破《なんぱ》――こわれたり、しずんだりすること。
※似て非なる――見かけは似ているが、実体は異《こと》なること。
※対峙《たいじ》――向かい合うこと。
※能動的――自分のほうから、働きかける様子。
※ガチンコ勝負――正面からぶつかり合う本気の対決のこと。

〈問題1〉挟《はさ》まれたままの栞《しおり》が「早くここから出してくれ」と訴《うった》えているように感じる。とありますが、なぜ筆者はそのように感じるのですか。このときの筆者の気持ちをふまえて四十字以上五十字以内で書きなさい。ただし、下の**〈注意〉**にしたがうこと。

〈問題2〉「読んで」いるのではなく、「眺《なが》めて」いるとありますが、筆者は、「読む」ことと「眺める」ことをどのようにとらえていますか。それぞれあなたの考える具体例をあげながら百八十字以上二百字以内で説明しなさい。ただし、下の**〈注意〉**にしたがうこと。

〈注意〉
・段落《だんらく》を設けず、一ますめから書きなさい。
・、や。や」などもそれぞれ字数に数えます。これらの記号が行の先頭に来るときには、前の行の最後の文字と同じますめに書きます。この場合、最後のますめに書いた文字と記号で一字と数えます。
・。と」が続く場合には、同じますめに書きます。この場合、。」で一字と数えます。

〔文章B〕

私《わたし》たちは自分の人生を、何となく一つのお話のようにまとまったものとして考え、そして生きています。ところで、何が私たちの人生にそうした統一性を与《あた》えているのでしょうか？※ルソーによれば、それは「感情」です。「この仕事で……ただ一つたのみになる忠実《ちゅうじつ》な道案内がある。それは一連の感情のつながりであり、これがわたしの存在《そんざい》の連続をしるしづけ、また、その感情の原因あるいは結果になった事件の連続をも明らかにする」。これまでに体験した感情を私はふたたび感じなおすことができるし、そのとき、その感情を引き起こしたものやその感情が引き起こしたこともまた見えてくる、そしてその感情のつながりこそが、私の人生を一つのまとまったものにしているのだ、というわけです。

ごくあたりまえの考えだと思われるかもしれません。ところが、そうでもないのです。

実のところ、私たちの人生にまとまりをもたらしているのは「言葉」です。感情や記憶《きおく》はとてもあやふやなもので、それらをただ追いかけていても一つのお話などできあがりません。たとえありのままに再現できたとしても、それは※脈絡《みゃくらく》を欠いた事実の集まりにしかならないでしょう。言葉にしてみたとき、はじめて人生は統一性を持ちはじめます。親や親戚《しんせき》から聞いた子供《こども》のころの話、人に喋《しゃべ》った体験談、人から聞いた自分についての話……それ自体が言葉からなるそういう小さなお話を、言葉を使って組み合わせ、私たちは自分が主人公である一つの物語を作り上げています。言葉はぼんやりしたもの、よく分からないものにかたちや意味を与える力を持っていて、人生もまた例外ではないのです。

だからこそ、ふつう自伝は物語としてきれいにまとまっているのです。※アウグスティヌスの『告白』も、自伝としての性格も持つ※デカルトの『方法序説《ほうほうじょせつ》』も、現在という到達点《とうたつてん》に向けてきれいに整えられています。それゆえ、そこでは主人公が立派《りっぱ》に成長しもするでしょう。

そしてこう考えてみると、『告白』でルソーが少しも成長しないことや、この本に（ぼんやり読んでいればあまり気にはなりませんが）※支離滅裂《しりめつれつ》なところが多いこともよく理解できます。「あれ、さっきと言ってることが違《ちが》う……」ということがよくあるのですけれど、それはルソーが「感情」をよりどころとしたことに一つの原因があるのです。

ルソーはこうも言います。「矛盾《むじゅん》があるとしても、それは自然のなせるわざであって、わたしのしわざではない」。自然ないし感情とは矛盾したものだ、というのではありません。そのつどの感情や、それをいま思い起こしている私が感じていることには嘘《うそ》はなく、ただそれを言葉で表現したときには※辻褄《つじつま》のあわない点が出てきたりもする、ということです。言葉へのルソーの不信には根深いものがあります。

ルソーは感情を重視《じゅうし》した――これだけだったら、ルソーはそう考えたというただそれだけで終わりです。問題は、それでもルソーは言葉で自伝を綴《つづ》っている、ということです。

ルソーは言葉を軽視《けいし》し、感情を重視しました。ではなぜ彼《かれ》は、その感情のつながりを言葉に変えていくのでしょうか？　それは、やはりそうしなければ人生はくっきりとしたかたちを取ってはくれないし、自分のことを相手に伝えることもできないからです。言葉はときに感情を裏切《うらぎ》り、ありもしない統一性を※でっちあげたりもすれば、思わぬ誤解《ごかい》の原因になりもするでしょう。しかしそうした不誠実《ふせいじつ》で扱《あつか》いにくい言葉に身を任せることではじめて、私たちは自分の人生を（ただ生きるのではなく）生きなおし、それにかたちを与えることができます。言葉は、感情を伝達するためのたんなる乗り物ではありません。それは、感情にかたちを備えさせる型のようなものでもあれば、感情を飼いならすための紐《ひも》でもあり、感情を押《お》しつぶす枠《わく》でもあり、感情が相手へと透明《とうめい》に伝わるのをさまたげる薄《うす》い膜《まく》のようなものになりもするのです。

感情と言葉とのこの※葛藤《かっとう》は『告白』の全体を貫《つらぬ》いていて、ある意味では『告白』を書いたもともとの動機でさえあるでしょう。ルソーは、感情に揺《ゆ》さぶられてはっきりしたかたちを持ってくれない自分に「言葉」というよりどころを与えて安定させようとするのだけど、でもそのとき感情と言葉はそれぞれが支配権《しはいけん》と正当性を主張してきて、その争いはどこまでもやむことがないのです。

（村山達也《むらやまたつや》『西洋哲学の10冊』所収
「人間の自然」岩波ジュニア新書による）

〔注〕

※ルソー――十八世紀のフランスの哲学者《てつがくしゃ》。

※脈絡《みゃくらく》――ものごとのつながり。

※アウグスティヌス――四世紀ごろの古代ローマ帝国《ていこく》の哲学者。

※デカルト――十六世紀ごろのフランスの哲学者。

※支《し》離《り》滅裂《めつれつ》――ばらばらでまとまりのない様子。

※辻褄《つじつま》のあわない―ものごとの前後のつながり方が合わないこと。

※でっちあげる――ありもしないことを本当にあったことのように作りあげること。

※葛藤《かっとう》――たがいにゆずらず対立すること。

〔問題3〕そうでもないのです。とは、どういうことですか。四十字以上五十字以内で書きなさい。ただし、次の〈注意〉にしたがうこと。

〔問題4〕その争いとはどういうことですか。あなたの考える具体例をあげながら、筆者の考えにそって百八十字以上二百字以内で説明しなさい。ただし、次の〈注意〉にしたがうこと。

〈注意〉・段落《だんらく》を設けず、一ますめから書きなさい。
・、や。や」などもそれぞれ字数に数えます。これらの記号が行の先頭に来るときには、前の行の最後のます文字と同じますめに書きます。この場合、最後のますめに書いた文字と記号で一字と数えます。
・。と」が続く場合には、同じますめに書きます。この場合、。」で一字と数えます。

2020(R2) 三鷹中等教育学校
K 教英出版

適性検査Ⅱ

注　　意

1　問題は 1 から 3 までで、１８ページにわたって印刷してあります。

2　検査時間は**４５分**で、終わりは**午前１１時００分**です。

3　声を出して読んではいけません。

4　計算が必要なときは、この問題用紙の余白を利用しなさい。

5　答えは全て解答用紙に明確に記入し、**解答用紙だけを提出しなさい。**

6　答えを直すときは、きれいに消してから、新しい答えを書きなさい。

7　**受検番号**を解答用紙の決められたらんに記入しなさい。

東京都立三鷹中等教育学校

1 **みつこ**さんと**たかお**さんは、自由研究の題材を探《さが》しに、博物館に行きました。江戸時代《えどじだい》の数のかぞえ方や計算について展示《てんじ》されているコーナーを見学しています。

みつこ：ここに、おもしろそうな問題があるよ。

たかお：お米を入れる俵を積んだ図（**図1**）がかいてあるね。

みつこ：俵が一番下の段《だん》に１３個あって、一段《いちだん》上に積むごとに、俵の数が１個ずつ減っているね。

たかお：一番上の段には５個の俵が積まれているよ。

みつこ：俵は全部で９段に積まれているね。

図1

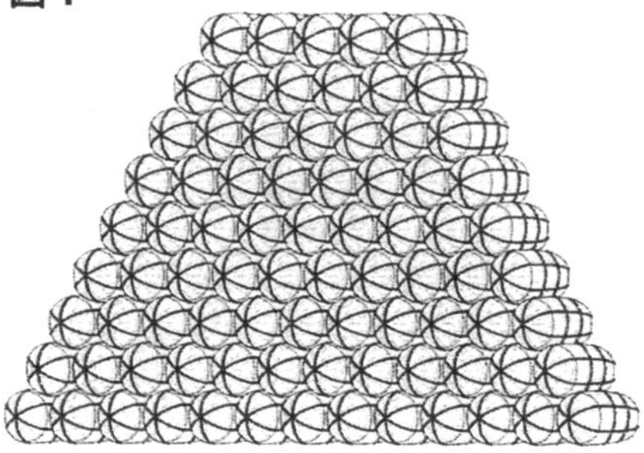

みつこさんと**たかお**さんは、この問題について**係員**に聞いてみることにしました。

みつこ：この問題は、何を求める問題ですか。

係　員：積まれた俵の個数が全部で何個あるかを求める問題です。このシートに印刷されている図（**図２**）を見てください。この図は、積まれた俵を正面から見たもので、すべて合同な円で表したものです。

図２

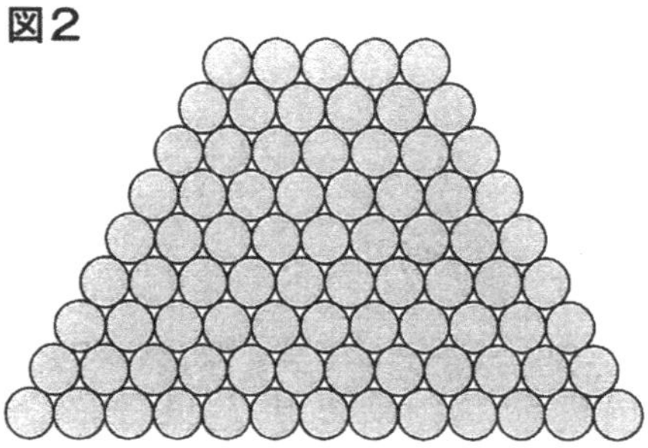

たかお：積まれた俵の個数は全部で何個あるのかな。一つずつ数えていったら大変だね。

みつこ：わたしはもう数えることができました。積まれた俵の個数は８１個あります。

係　員：そのとおりです。ずいぶんとはやく答えることができましたね。何か工夫《くふう》して求めたのかな。それでは、同じような問題をもう一問考えてみましょう。でも、今度は図がないので、少しむずかしいかもしれません。自分で図をかいて考えてみるとよいでしょう。

＜**係員**が示した問題＞

俵が一番下の段《だん》に２０個あって、一段《いちだん》上に積むごとに、俵の数を１個ずつ減らしていきます。一番上の段に８個あるとき、積まれた俵は何段《なんだん》でしょう。また、積まれた俵の個数は何個でしょう。

たかお：よし、今度はぼくもがんばって答えよう。

〔問題１〕　＜**係員**が示した問題＞について、積まれた俵の段数《だんすう》と積まれた俵の個数を答えなさい。また、積まれた俵の個数については、その求め方を言葉と式を使って説明しなさい。

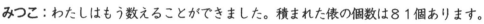

次に、**たかお**さんと**みつこ**さんは、**係員**から別の資料を見せてもらいました。

係　員：これは何の絵かわかりますか。(**図3**)

図3

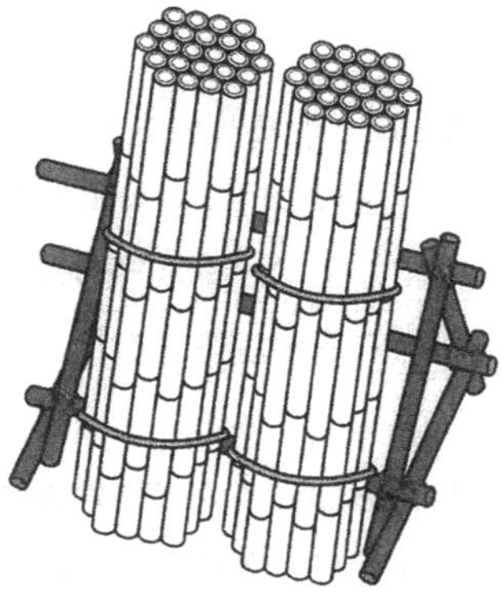

たかお：竹の棒《ぼう》を束ねたように見えるけど。

係　員：そのとおりです。これは竹束《たけたば》といって、竹を束ねてなわでしばったものです。昔、武士がいたころの戦いでは、鉄ぽうの玉から身を守る道具として使われていたようです。

みつこ：そういうことに使っていたのですね。

係　員：**図4**は、ある竹束を真上から見たときの図です。この図で、竹を表す円はすべて合同な円でかかれています。

たかお：**図4**の円はどのように並《なら》んでいるのかな。

図4

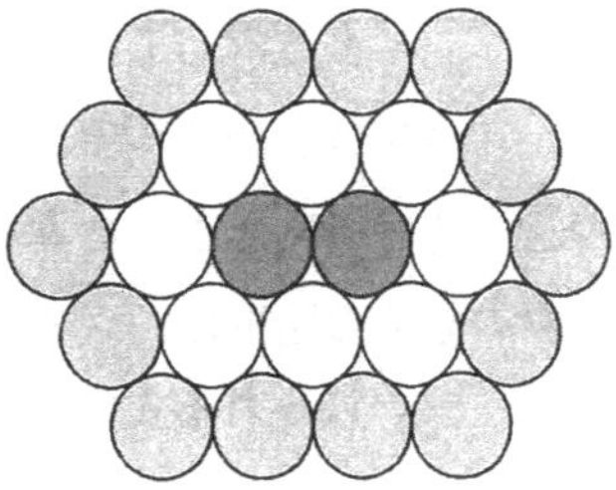

みつこ：真ん中の２個の円は、円周がたがいにふれるようにして並んでいるね。

たかお：その周りにも円周がたがいにふれるようにして全部で８個の円が並んでいるね。

みつこ：そのまた周りにも、円周がたがいにふれるようにして全部で１４個の円が並んでいるね。

たかお：周りに並べた円の個数はどのように増えているのかな。

みつこ：周りに円を並べていくごとに円の個数は2個、８個、１４個、…と増えているね。

たかお：さらに続けて、周りに円を並べていくと、周りに並べる円の個数は6個ずつ増えていくと考えることができるね。

係　員：そのとおりです。周りに並べる円の個数の増え方にはきまりがありますね。それでは、今考えている図の中で、何かきまりのある増え方をしているものが他にないか考えてみましょう。

図5

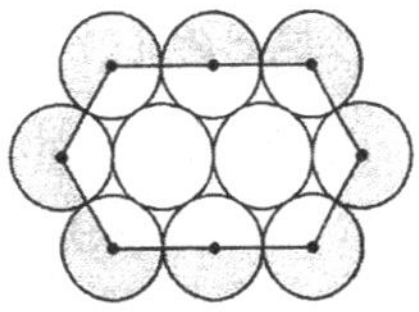

たかお：こんなのはどうかな。**図5**のように、円周がたがいにふれるように並べた２個の円を中心にして、その周りに円周がたがいにふれるように８個の円を並べたとき、その８個の円の中心と中心を結んでできる六角形の外側の部分（**図5**のぬられている部分）の面積は、円の何個分の面積になるのかな。

図6

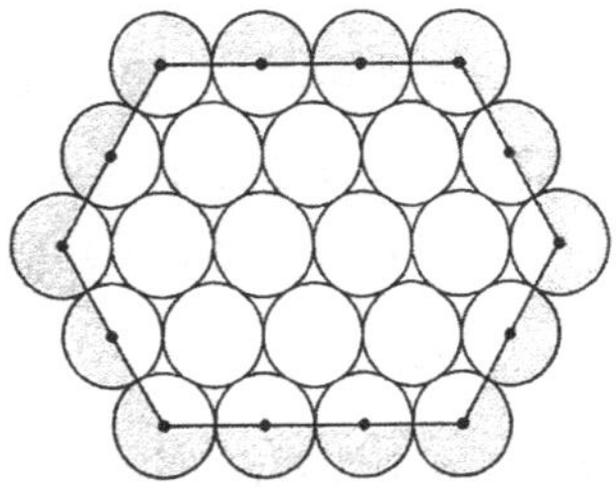

みつこ：**図5**の周りに、円周がたがいにふれるように１４個の円を並べた図（**図6**）もかいてみたよ。**図5**を「一重めの図」と呼《よ》ぶことにすると、**図6**は「二重めの図」と呼ぶことができるね。

たかお：この図で、一番外側にある、円周がたがいにふれるように並べた１４個の円の中心と中心を結んでできる六角形の外側の部分（**図６**のぬられている部分）の面積は、円の何個分の面積になるのかな。

〔問題２〕「一重めの図」、「二重めの図」、「三重めの図」、…をつくっていくとき、それぞれの図について、一番外側にある、円周がたがいにふれるように並《なら》べた円の中心と中心を結んでできる六角形の外側の部分の面積の増え方には、どのようなきまりがあると考えられるか説明しなさい。

次に、**みつこ**さんと**たかお**さんは、**係員**からまた別の資料を見せてもらいました。木の板に、きれいな図形と文字がかかれています。

係　員：江戸時代には、自分が考えた問題と解き方を木の板にかいて、神社や寺などに納《おさ》めることが流行していました。このような板は「算額《さんがく》」と呼ばれていて、現在でも全国で約９００面の算額が残っているといわれています。

みつこ：見せてくださった資料の中にある**図７**の図形はとてもきれいですね。

たかお：**図７**の図形は、大きい円の周りに、円周がたがいにふれるようにして、合同な小さい円１０個が並んでいるね。

図７

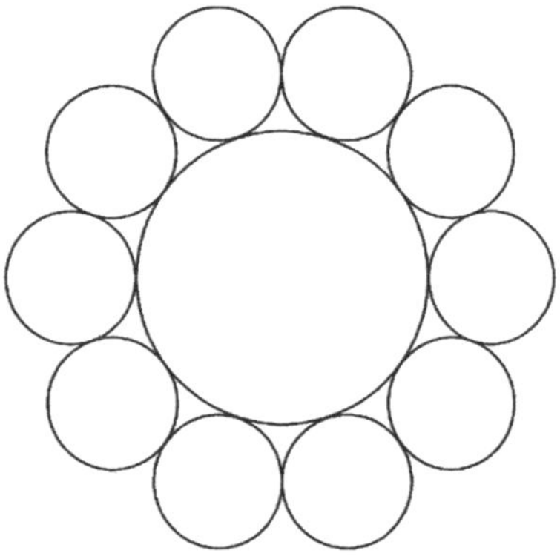

係　員：この算額にかかれている問題は、大きい円の直径が小さい円の直径の何倍になっているのかを求める問題です。しかし、小学生のみなさんには、この問題をまだ解くことができないと思います。

たかお：そうなのか、残念だな。でもこの図を使って、ぼくたちでもわかることはないかな。

みつこ：**図８**のように、外側の１０個の円の中心と中心を結ぶと、正十角形ができるね。

図８

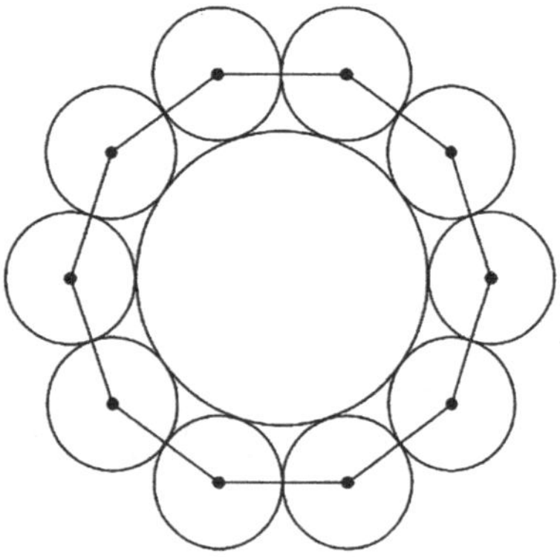

たかお：さらに**図９**のように、小さい円の中心Ａ《エー》とＣ《シー》を結んだ直線と小さい円の中心Ｂ《ビー》とＤ《ディー》を結んだ直線の交点をＯ《オー》とすると、点Ｏは大きい円の中心といえるね。

みつこ：ということは、㋐の角度は、大きい円の中心のまわりの角を十等分しているから３６°になるね。

たかお：(い)の角度は、１８０°から３６°をひくと求められるので、１４４°になるね。

みつこ：(い)の角度は、３６°の四つ分と考えて求めることもできるね。

たかお：複雑な図形でも、今まで学習したことを使えばいろいろなことがわかりそうだね。

係　員：ぜひ、自由研究の参考にしてください。

みつこ：実際にわたしも、算額にあるような問題をつくってみようかな。

図９

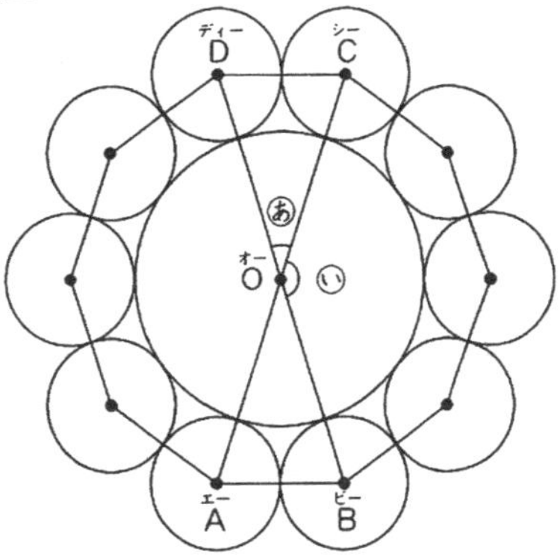

数日後、**みつこ**さんは、考えた問題を**たかお**さんと**先生**にみてもらうことにしました。

みつこ：まず、この図を見てください。
（**図１０**）

図１０

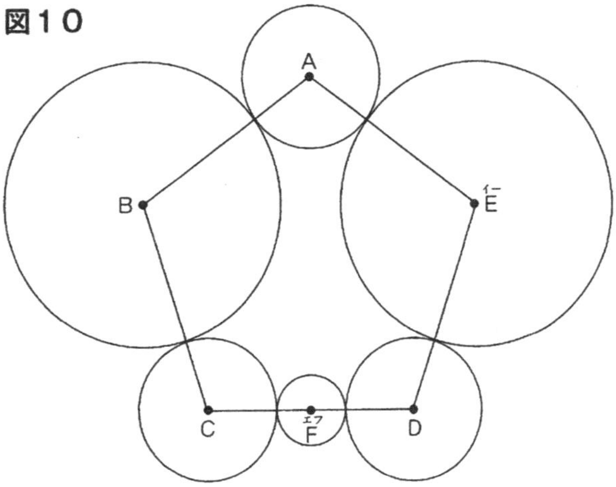

＜**図１０**の説明＞

① 図形ＡＢＣＤＥ《イー》は１辺が６ｃｍの正五角形である。
② 点Ｂと点Ｅを中心とする円の半径は４ｃｍである。
③ 点Ａを中心とする円と、点Ｂと点Ｅを中心とする円とは、円周がそれぞれたがいにふれている。
④ 点Ｃを中心とする円と、点Ｂを中心とする円とは、円周がたがいにふれている。
⑤ 点Ｄを中心とする円と、点Ｅを中心とする円とは、円周がたがいにふれている。
⑥ 点Ｆ《エフ》は辺ＣＤの中央の点である。
⑦ 点Ｆを中心とする円と、点Ｃと点Ｄを中心とする円とは、円周がそれぞれたがいにふれている。

たかお：となりあっている円の円周は、すべて正五角形の辺の上でたがいにふれているね。

みつこ：わたしは、この図を使って、次のような問題を考えてみました。

＜**みつこ**さんが考えた問題＞

図１１において、ぬられている部分の面積の合計と、中心がBの円全体の面積はどちらが大きいか。

図１１

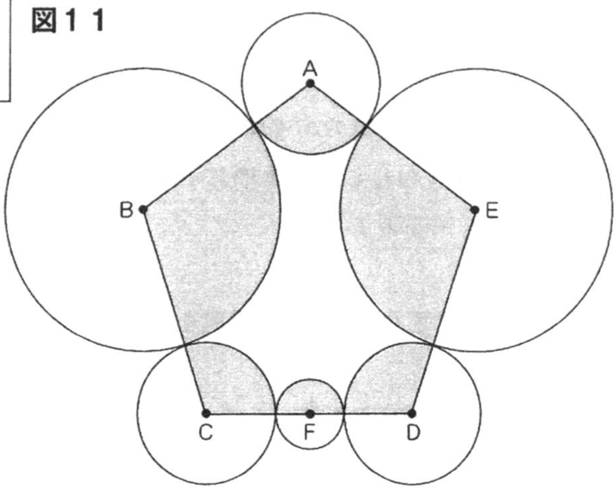

たかお：次のような問題も考えることができますね。

＜**たかお**さんが考えた問題＞

図１２において、正五角形の内側にかいた太線の長さの合計と、正五角形の辺の長さの合計はどちらが長いか。

図１２

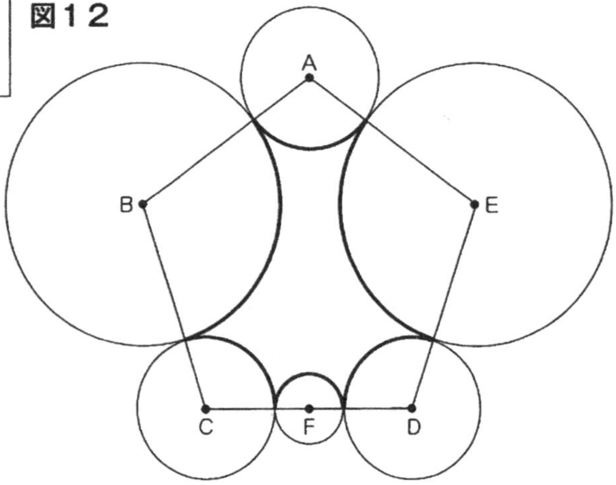

先　生：二人ともおもしろい問題を考えることができましたね。おたがいに考えた問題を解きあってみたらどうでしょう。

〔問題３〕　＜**みつこ**さんが考えた問題＞または＜**たかお**さんが考えた問題＞のどちらかを選び、その問題に答えなさい。また、求め方を図と言葉と計算式を使って説明しなさい。ただし、円周率は３．１４を使って計算し、計算の結果は四《し》捨《しゃ》五《ご》入《にゅう》をしないで答えなさい。

このページには問題は印刷されていません。

2 **花子**さんと**太郎**《たろう》さんは、図書室でバスについて**先生**と話をしています。

花　子：昨日、バスに乗ってとなりの駅に行ったとき、たくさんのバスが行き来していましたよ。

太　郎：たくさんのバスがあるということは、行き先がちがっていたり、バスの種類もいろいろあったりするのでしょうか。バスの種類や台数はどれぐらいあるのでしょう。

花　子：バスのことについて、調べてみましょう。

花子さんと太郎さんは、次の資料（**図1**、**図2**、**表1**）を見つけました。

図1　日本国内の乗合《のりあい》バスの合計台数の移り変わり

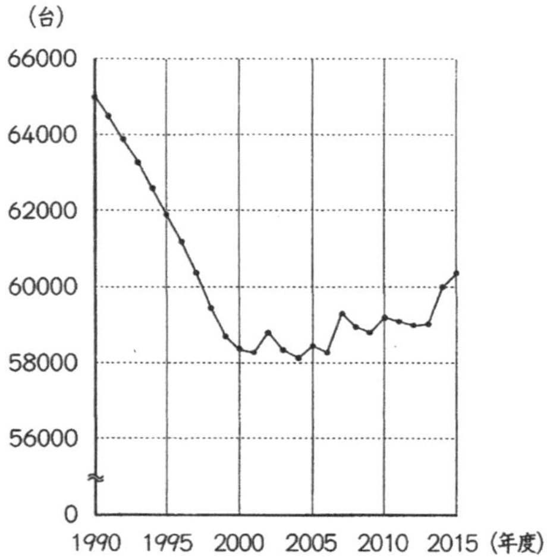

図2　日本国内の乗合バスが１年間に実際に走行したきょりの移り変わり

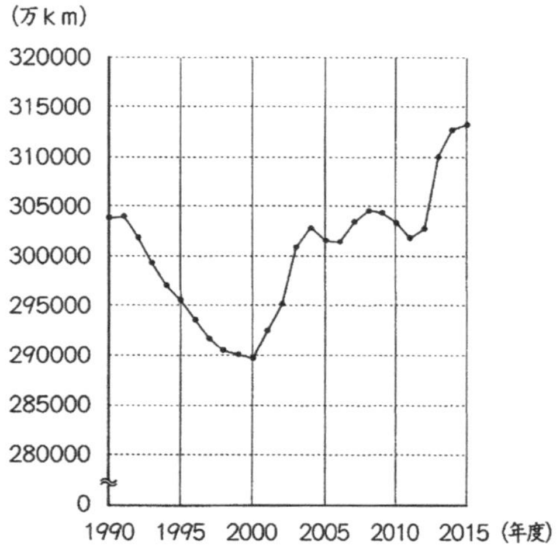

（公益社団法人日本バス協会「２０１８年度版（平成３０年度）日本のバス事業」より作成）

太　郎：資料に書いてある乗合《のりあい》バスとは、どんなバスのことですか。

先　生：バスの種類は大きく分けて、乗合バスと、貸切《かしきり》バスがあります。決められた経路を時刻表《じこくひょう》に従《したが》って走るバスは、乗客の一人一人が料金をはらいます。このようなバスを乗合バスといいます。６年生の校外学習などでは、学校でいらいをしたバスで見学コースをまわってもらいましたね。このようなバスを貸切バスといいます。

表１　乗合《のりあい》バスに関する主な出来事

	主な出来事
１９９５ （平成７）年度	●　東京都武蔵野市《むさしのし》で、地域《ちいき》の人たちの多様な願いにこまやかに応えるため、新しいバスサービス「コミュニティバス」の運行を開始した。
１９９６ （平成８）年度	●　都営バスなどがノンステップバスの導入を開始した。
１９９７ （平成９）年度	●　国がオムニバスタウン事業を開始した。（オムニバスタウン事業とは、全国から１４都市を指定し、バス交通を活用して、安全で豊かな暮《く》らしやすいまちづくりを国が支えんする制度のこと。）
２００１ （平成１３）年度	●　バスの営業を新たに開始したり、新たな路線を開設したりしやすくするなど、国の制度が改められた。また、利用そく進等のため、割引運賃《わりびきうんちん》の導入などのサービス改善《かいぜん》がはかられた。
２００６ （平成１８）年度	●　貸切《かしきり》バスで運行していた市町村のバスのサービスを、乗合《のりあい》バスでの運行と認《みと》めることや、コミュニティバスでは地域の意見を取り入れて運賃の設定ができるようにすることなど、国の制度が改められた。
２０１２ （平成２４）年度	●　都営バスの全車両がノンステップバスとなった。

（「国土交通白書」や「都営バスホームページ」などより作成）

花　子：コミュニティバスは小型のバスで、私《わたし》たちの地域《ちいき》でも走っていますね。

先　生：１９９５（平成７）年度以降《いこう》、コミュニティバスを導入する地域が増えて、２０１６（平成２８）年度には、全国の約８０％の市町村で、コミュニティバスが運行されているという報告もあります。小型のコミュニティバスは、せまい道路を走ることができるという長所があります。

太　郎：ノンステップバスとは、出入口に段差《だんさ》がないバスのことですね。

先　生：**図１**や**図２**の資料からどんなことが分かりますか。

花　子：１９９０年度から２０００年度までは、どちらの資料も減少を示していますね。

太　郎：２００１年度以降の変化も考えてみましょう。

〔問題１〕　１９９０年度から２０００年度までにかけて減少していた乗合バスの合計台数や１年間に実際に走行したきょりと比べて、２００１年度から２０１５年度にかけてどのような移り変わりの様子がみられるか、**図１**と**図２**のどちらかを選び、その図から分かる移り変わりの様子について、**表１**と関連付けて、あなたの考えを書きなさい。

太　郎：先日、祖父が最近のバスは乗りやすくなったと言っていたのだけれども、最近のバスは何か変化があるのでしょうか。

先　生：２０１２（平成２４）年度に都営バスの全車両がノンステップバスになったように、日本全国でもノンステップバスの車両が増えてきています。

花　子：私が昨日乗ったのもノンステップバスでした。

太　郎：**図３**の資料を見ると、車内に手すりがたくさんあるようですね。

先　生：ノンステップバスが増えてきた理由について、**表２**の資料をもとに考えてみましょう。

図３　乗合バスの様子

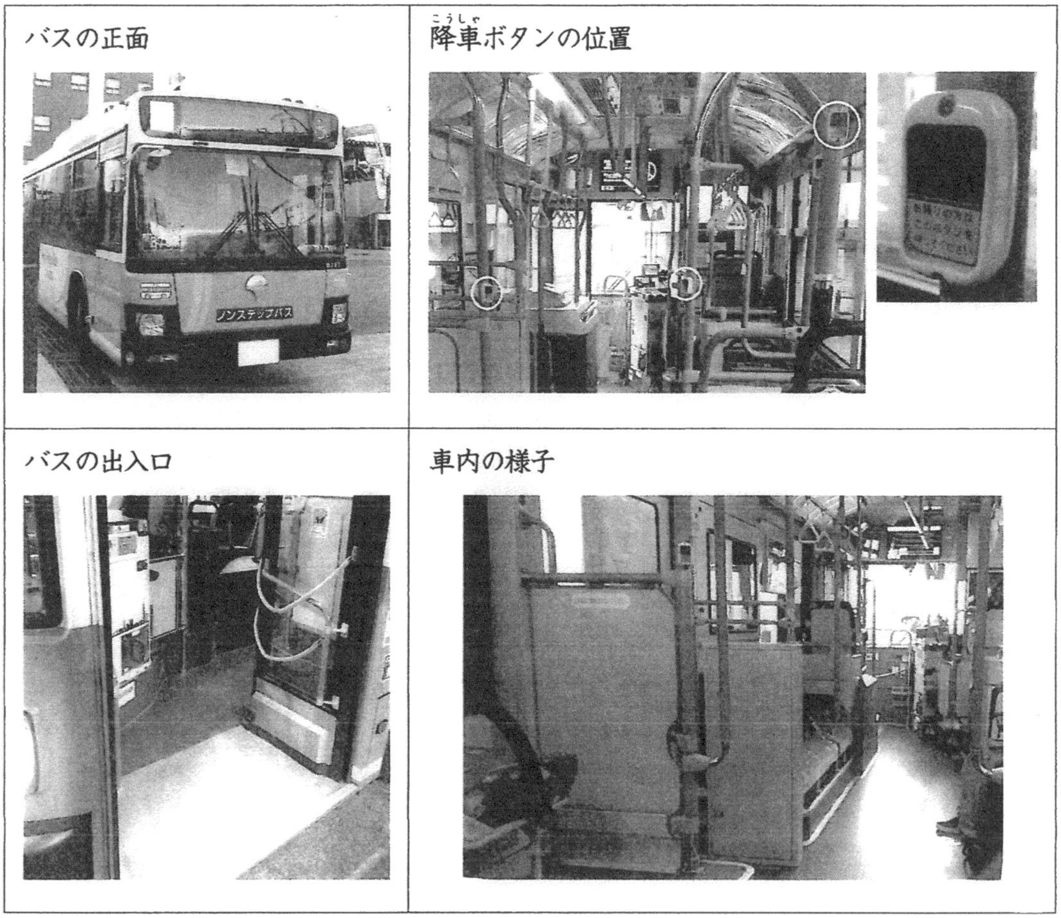

解答用紙

適性検査 I

1

〔文章A〕

〔問題1〕

40

50　25

20点

〔問題2〕

180

200　100　25

30点

受検番号

得点
※

※のらんには何も記入しないこと

※100点満点

解答用紙　適性検査Ⅱ

受検番号

得点
※

※のらんには、記入しないこと

※100点満点

1

〔問題１〕12点

積まれた俵の段数《だんすう》は〔　　　　　〕段《だん》で、その個数は〔　　　　　〕個である。

〔説明〕

※

〔問題２〕10点

〔説明〕

※

〔問題３〕18点

選んだ問題は〔　　　　　〕さんの考えた問題

選んだ問題の答えは〔　　　　　〕

〔説明〕

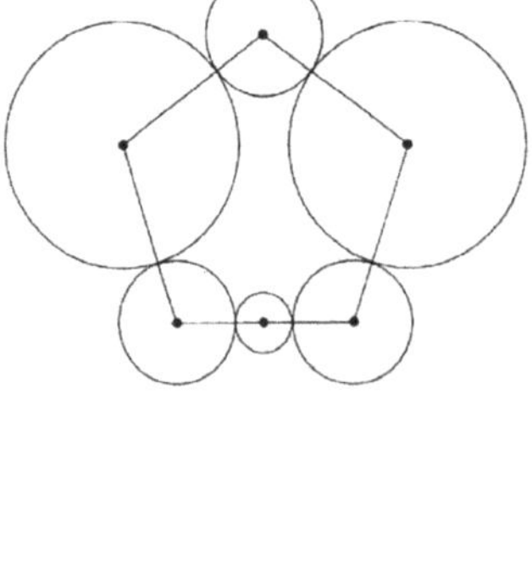

※

2

〔問題１〕10点

〔選んだ図〕

〔あなたの考え〕

※

〔問題２〕8点

〔設計の工夫《くふう》〕（選んだ二つをそれぞれ◯で囲みなさい。）

出入口の高さ　　手すりの素材　　ゆかの素材　　降車《こうしゃ》ボタンの位置

車いすスペースの設置　　フリースペースの設置　　固定ベルトの設置

優先席《ゆうせんせき》の配置

〔期待されている役割《やくわり》〕

※

〔問題３〕12点

〔課題〕

〔あなたの考え〕

※

3

〔問題１〕 6点

〔選んだプロペラ〕
〔示す値《あたい》のちがい〕　　　　　　g

※

〔問題２〕 14点

（１）〔モーター〕　　　　　　〔プロペラ〕
（２）〔選んだ予想〕　　　　　　の予想
〔予想が正しくなる場合〕　　ありります　・　ありません
〔理由〕

※

〔問題３〕 10点

（１）
（２）

※

〔文章B〕

〔問題3〕

25
50
40

20点

〔問題4〕

25
100
180
200

30点

表2　２０１５（平成２７）年度以降《いこう》のノンステップバスの標準的な設計の工夫《くふう》の一部

・出入口の高さ	・車いすスペースの設置
・手すりの素材	・フリースペースの設置
・ゆかの素材	・固定ベルトの設置
・降車《こうしゃ》ボタンの位置	・優先席《ゆうせんせき》の配置

（公益社団法人日本バス協会「２０１８年度版（平成３０年度）日本のバス事業」より作成）

花　子：ノンステップバスは、いろいろな人が利用しやすいように、設計が工夫《くふう》されているようですね。

太　郎：このような工夫にはどのような役割《やくわり》が期待されているのでしょうか。

〔問題２〕　太郎さんが「このような工夫にはどのような役割《やくわり》が期待されているのでしょうか。」と言っています。**表２**から設計の工夫を二つ選び、その二つの工夫に共通する役割として、どのようなことが期待されているか、あなたの考えを書きなさい。

太　郎：バスの車両は、いろいろな人が利用しやすいように、工夫したつくりになっていることが分かりました。バスの車両以外にも、何か工夫があるのでしょうか。

花　子：私は、路面に「バス優先《ゆうせん》」と書かれた道路を見たことがあります。２車線の道路のうち、一方の道路には「バス優先」と書かれていました。

先　生：一般《いっぱん》の自動車も通行できますが、乗合バスが接近してきたときには、「バス優先」と書かれた車線から出て、道をゆずらなければいけないというきまりがあります。バス以外の一般の自動車の運転手の協力が必要ですね。

太　郎：図４のような資料がありました。この資料の説明には、「このシステムがある場所では、乗合バスからの信号を受信する通信機が設置されています。この通信機が乗合バスからの信号を感知すると、乗合バスの通過する時刻《じこく》を予測して、バスの進行方向の青信号が点灯している時間を長くしたり、赤信号の点灯している時間を短くしたりするなど、乗合バスが通過しやすくしています。」と書いてあります。この仕組みのことを「公共車両優先システム」というそうです。

図４　公共車両優先《ゆうせん》システム

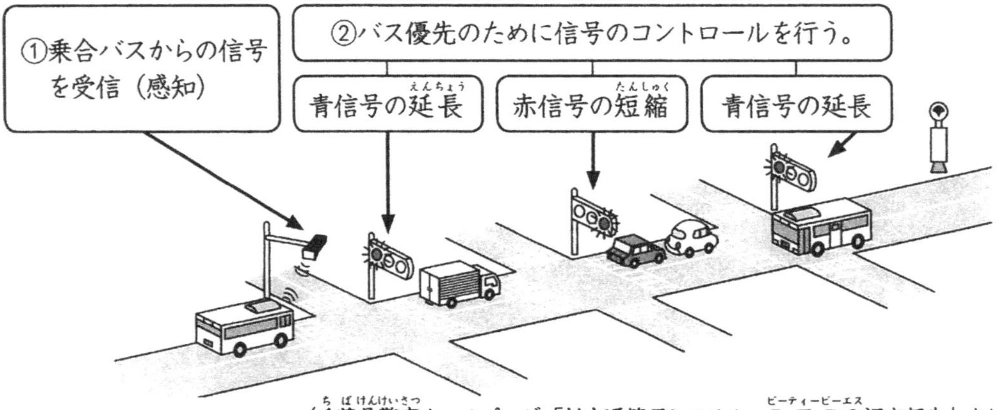

（千葉県警察《ちばけんけいさつ》ホームページ「新交通管理システム・ＰＴＰＳ《ピーティーピーエス》調査報告」より作成）

先　生：「公共車両優先システム」は、乗合バスを常に青信号で通過させるための仕組みではありませんが、バスの信号待ちの時間を短くする効果があります。また、花子さんが見た「バス優先」の車線とあわせて利用されている場所もあるようです。

花　子：この仕組みがある場所では、バスが通過するときと、通過しないときとでは、青信号や赤信号の点灯時間が変わるというのはおもしろいですね。この仕組みがある場所では、実際にどのような変化がみられたのでしょうか。

先　生：ここに、**図５**、**図６**、**図７**の三つの資料があります。

図５　公共車両優先システムが導入された区間

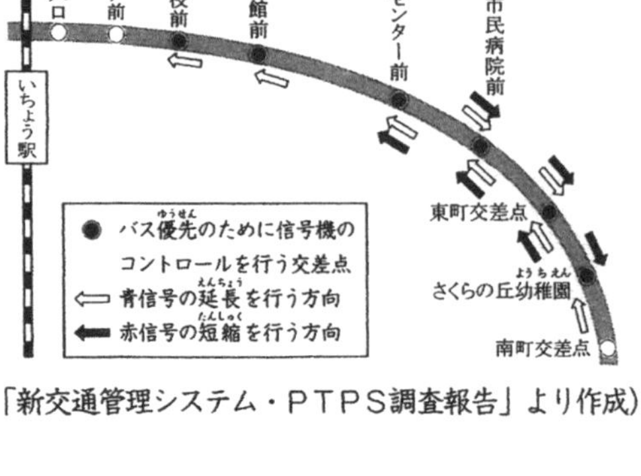

（千葉県警察ホームページ「新交通管理システム・ＰＴＰＳ調査報告」より作成）

図6　調査した区間のバスの平均運行時間

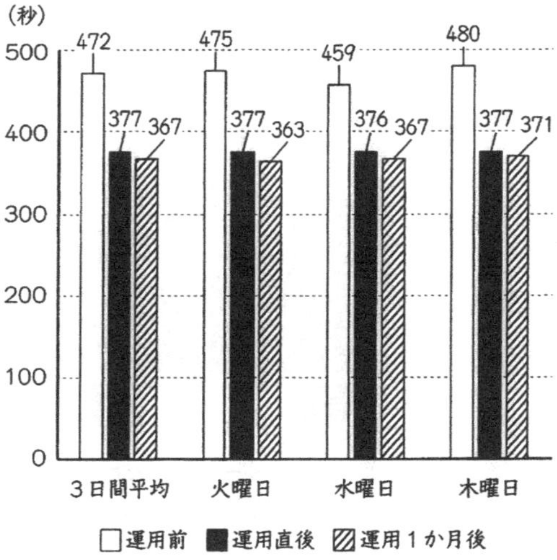

図7　時刻表《じこくひょう》に対するバスの運行状きょう
（7分間の所要時間の経路を8分以内で運行した割合《わりあい》）

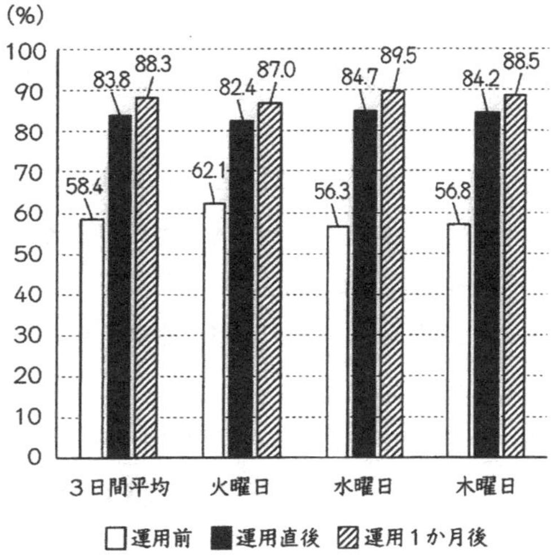

（千葉県警察ホームページ「新交通管理システム・PTPS調査報告」より作成）

太　郎：図6で、「公共車両優先システム」の運用前と運用後を比べると、調査した区間をバスで移動するときに、かかる時間が短縮《たんしゅく》されたようですね。

花　子：バスの時刻表に対しても、ほぼ時間どおりに運行しているようです。

太　郎：時間どおりにバスが運行してくれると便利だから、この仕組みをまだ導入していない地域があったら、導入していけばよいですね。

花　子：先生の話や、**図4**～**図7**の資料からは、「バス優先」の車線や「公共車両優先システム」がこのままでよいとはいえないと思います。

〔問題3〕　花子さんは、「先生の話や、**図4**～**図7**の資料からは、「バス優先」の車線や「公共車両優先システム」がこのままでよいとはいえないと思います。」と言っています。あなたは、「バス優先」の車線や「公共車両優先システム」にどのような課題があると考えますか。また、その課題をどのように解決すればよいか、あなたの考えを書きなさい。

3　**花子**さん、**太郎《たろう》**さん、**先生**が車の模型《もけい》について話をしています。

花　子：モーターで走る車の模型を作りたいな。

太　郎：プロペラを使って車の模型を作ることができますか。

先　生：プロペラとモーターとかん電池を組み合わせて、**図１**のように風を起こして走る車の模型を作ることができます。

花　子：どのようなプロペラがよく風を起こしているのかな。

太　郎：それについて調べる実験はありますか。

先　生：電子てんびんを使って、**実験１**で調べることができます。

花　子：**実験１**は、どのようなものですか。

先　生：まず、**図２**のように台に固定したモーターを用意します。それを電子てんびんではかります。

太　郎：はかったら、５４．１ｇになりました。

先　生：次に、**図３**のようにスイッチがついたかん電池ボックスにかん電池を入れます。それを電子てんびんではかります。

花　子：これは、４８．６ｇでした。

先　生：さらに、プロペラを**図２**の台に固定したモーターにつけ、そのモーターに**図３**のボックスに入ったかん電池をつなげます。それらを電子てんびんではかります。その後、電子てんびんにのせたままの状態でスイッチを入れると、プロペラが回り、電子てんびんの示す値《あたい》が変わります。ちがいが大きいほど、風を多く起こしているといえます。

太　郎：**表１**の**Ａ～Ｄ**の４種類のプロペラを使って、**実験１**をやってみましょう。

図１　風を起こして走る車の模型《もけい》

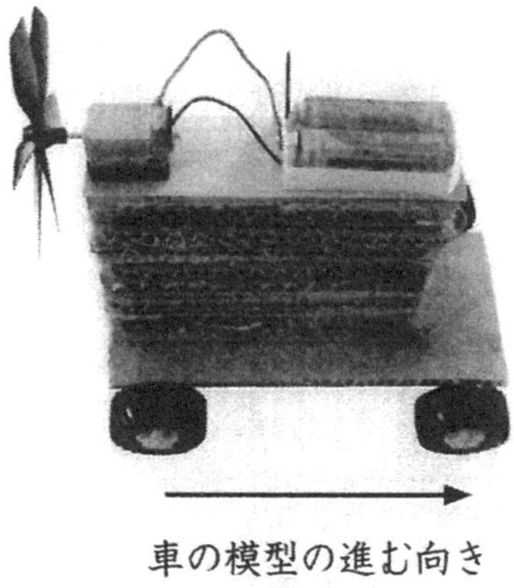

図２　台に固定したモーター

図３　ボックスに入ったかん電池

表1　４種類のプロペラ

	A	B	C	D
プロペラ				
中心から羽根のはしまでの長さ（cm）	5.4	4.9	4.2	2.9
重さ（g）	7.5	2.7	3.3	4.2

スイッチを入れてプロペラが回っていたときの電子てんびんの示す値は、**表2**のようになりました。

表2　プロペラが回っていたときの電子てんびんの示す値《あたい》

プロペラ	A	B	C	D
電子てんびんの示す値《あたい》（g）	123.5	123.2	120.9	111.8

〔問題1〕 **表1**の**A**～**D**のプロペラのうちから一つ選び、そのプロペラが止まっていたときに比べて、回っていたときの電子てんびんの示す値《あたい》は何gちがうか求めなさい。

花　子：**図1**の車の模型から、モーターの種類やプロペラの種類の組み合わせをかえて、**図4**のような車の模型を作ると、速さはどうなるのかな。

図4　車の模型

太　郎：どのようなプロペラを使っても、①モーターが軽くなればなるほど、速く走ると思うよ。

花　子：どのようなモーターを使っても、②プロペラの中心から羽根のはしまでの長さが長くなればなるほど、速く走ると思うよ。

太　郎：どのように調べたらよいですか。

先　生：**表3**の**ア**～**エ**の４種類のモーターと、**表4**の**E**～**H**の４種類のプロペラを用意して、次のような**実験2**を行います。まず、モーターとプロペラを一つずつ選び、**図4**のような車の模型を作ります。そして、それを体育館で走らせ、走り始めてから、５ｍ地点と１０ｍ地点の間を走りぬけるのにかかる時間をストップウォッチではかります。

表3　４種類のモーター

	ア	**イ**	**ウ**	**エ**
モーター				
重さ（ｇ）	１８	２１	３０	４４

表4　４種類のプロペラ

	E	**F**	**G**	**H**
プロペラ				
中心から羽根のはしまでの長さ（ｃｍ）	４．０	５．３	５．８	９．０

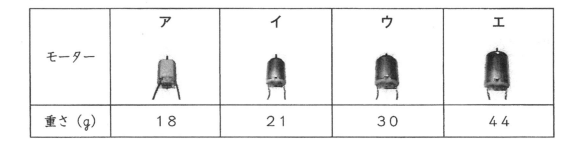

花　子：モーターとプロペラの組み合わせをいろいろかえて、**実験2**をやってみましょう。

実験2で走りぬけるのにかかった時間は、**表5**のようになりました。

表5　5m地点から10m地点まで走りぬけるのにかかった時間（秒）

		モーター			
		ア	イ	ウ	エ
プロペラ	E	3.8	3.1	3.6	7.5
	F	3.3	2.9	3.2	5.2
	G	3.8	3.1	3.1	3.9
	H	4.8	4.0	2.8	4.8

〔問題2〕（1）　**表5**において、車の模型が最も速かったときのモーターとプロペラの組み合わせを書きなさい。

（2）　**表5**から、①の予想か②の予想が正しくなる場合があるかどうかを考えます。

太郎さんは、「①モーターが軽くなればなるほど、速く走ると思うよ。」と予想しました。①の予想が正しくなるプロペラは**E**～**H**の中にありますか。

花子さんは、「②プロペラの中心から羽根のはしまでの長さが長くなればなるほど、速く走ると思うよ。」と予想しました。②の予想が正しくなるモーターは**ア**～**エ**の中にありますか。

①の予想と②の予想のどちらかを選んで解答らんに書き、その予想が正しくなる場合があるかどうか、解答らんの「あります」か「ありません」のどちらかを丸で囲みなさい。また、そのように判断した理由を説明しなさい。

太　郎：モーターとプロペラを使わずに、ほを立てた車に風を当てると、動くよね。

花　子：風を車のななめ前から当てたときでも、車が前に動くことはないのかな。調べる方法は何かありますか。

先　生：**図5**のようにレールと車輪を使い、長方形の車の土台を動きやすくします。そして、**図6**のように、ほとして使う三角柱を用意します。次に、車の土台の上に**図6**の三角柱を立てて、**図7**のようにドライヤーの冷風を当てると、車の動きを調べることができます。

太　郎：車の動きを調べてみましょう。

二人は先生のアドバイスを受けながら、次のような１～４の手順で**実験３**をしました。

1　工作用紙で**図6**の三角柱を作る。その三角柱の側面が車の土台と垂直《すいちょく》になるように底面を固定し、車を作る。そして、車をレールにのせる。

2　**図8**のように、三角柱の底面の最も長い辺のある方を車の後ろとする。また、真上から見て、車の土台の長い辺に対してドライヤーの風を当てる角度をⓐとする。さらに、車の土台の短い辺と、三角柱の底面の最も長い辺との間の角度をⓘとする。

3　ⓐが２０°になるようにドライヤーを固定し、ⓘを１０°から７０°まで１０°ずつ変え、三角柱に風を当てたときの車の動きを調べる。

4　ⓐを３０°から８０°まで１０°ごとに固定し、ⓘを手順3のように変えて車の動きを調べる。

実験３の結果を、車が前に動いたときには○、後ろに動いたときには×、３秒間風を当てても動かなかったときには△という記号を用いてまとめると、**表6**のようになりました。

図5　レールと車輪と車の土台

図6　ほとして使う三角柱

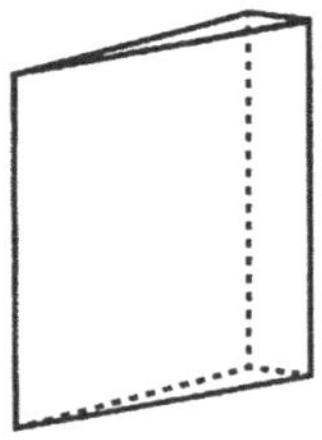

図7　車とドライヤー

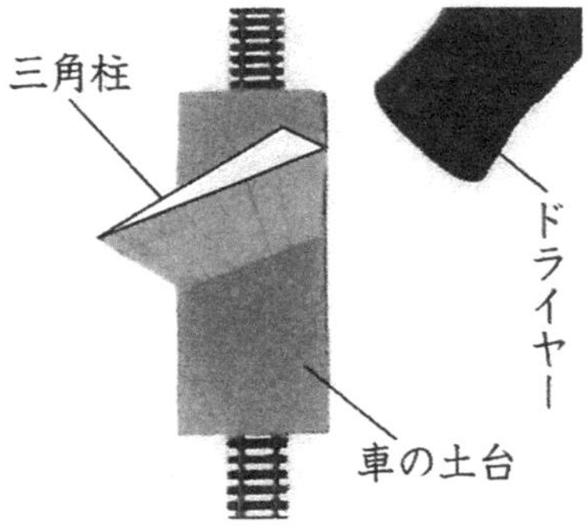

図8　**実験３**を真上から表した図

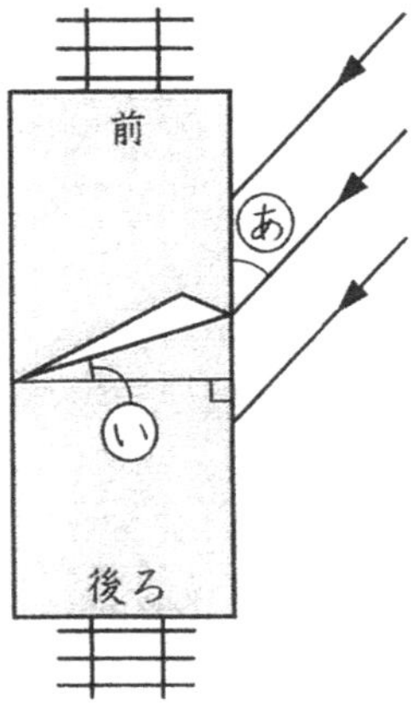

表6　実験3の結果

		い						
		10°	20°	30°	40°	50°	60°	70°
あ	20°	×	×	×	×	×	×	×
	30°	×	×	×	×	×	×	×
	40°	×	×	×	×	△	△	△
	50°	×	×	×	△	○	○	○
	60°	×	×	△	○	○	○	○
	70°	×	△	○	○	○	○	○
	80°	△	○	○	○	○	○	○

花　子：風をななめ前から当てたときでも、車が前に動く場合があったね。

太　郎：車が前に動く条件は、どのようなことに注目したら分かりますか。

先　生：あといの和に注目するとよいです。

花　子：表7の空らんに、○か×か△のいずれかの記号を入れてまとめてみよう。

表7　車の動き

		あといの和					
		60°	70°	80°	90°	100°	110°
あ	20°						
	30°						
	40°						
	50°						
	60°		★				
	70°						
	80°						

〔問題3〕（1）　**表7**の★に当てはまる記号を○か×か△の中から一つ選び、書きなさい。

（2）　**実験3**の結果から、風をななめ前から当てたときに車が前に動く条件を、あなたが作成した**表7**をふまえて説明しなさい。

㉛

適性検査Ⅰ

注意

1　問題は 1 のみで、**7ページ**にわたって印刷してあります。

2　検査時間は**四十五分**で、終わりは**午前九時四十五分**です。

3　声を出して読んではいけません。

4　答えは全て解答用紙に明確に記入し、**解答用紙だけを提出しなさい。**

5　答えを直すときは、きれいに消してから、新しい答えを書きなさい。

6　**受検番号**を解答用紙の決められたらんに記入しなさい。

東京都立三鷹中等教育学校

問題は次のページから始まります。

1　次の〔**文章A**〕と〔**文章B**〕を読んで、それぞれの文章に関する設問に答えなさい。（※印の付いている言葉には本文のあとに〔**注**〕があります。）

〔**文章A**〕

小学生のレンちゃんが住んでいる町には、こまごました古道具を売っている「銀杏堂《ぎんなんどう》」というお店があります。とても小さなお店で、高田さんというおばあさんが働いています。お店に置いてある品物についてレンちゃんが質問すると、高田さんがお話をしてくれました。

すきとおった緑色の石が、古びた品物のすきまで光っていました。いままでこの石があることに気づかなかったなんて、ふしぎです。

レンちゃんはその石を、古道具の山からほりおこしました。石はずしっと重たく、あかちゃんのこぶしくらいの大きさがありました。表面はきらきらしているのに、なかからぼんやりと発光しているかのような緑色は、つねに色をかえてゆらめくオーロラのようでした。石のなかをのぞくと、まるでふしぎな緑の世界が閉《と》じこめられているみたいです。

「よーく見てごらん。なかに、四つ葉のクローバーが入っているのが見えるだろ？　なに、見えない？　不器用だねえ。角度をかえれば見えるよ。どれ、かしてごらん」

高田さんが角度をかえながら石を光にかざし、ある角度でレンちゃんに見せました。するとたしかに、小さな四つ葉のクローバーが見えました。

「それはエメラルドだよ。そんな大きなエメラルドはめったにお目にかかれないね。もちろん、ほんものさ。といっても、見つかった場所が場所だからね、いわゆるエメラルドと同じにあつかっていいものかどうか、さだかじゃないがね」

「どこで見つけたの？」

「それはね、ほんとうにうっとりするような、美しい思い出だよ。いまでも夢じゃないかと思うようなね」

そこで言葉をきって、もったいぶっている高田さんのほうに、レンちゃんがやっとエメラルドから目をはなして向きなおると、高田さんはゆっくり話しはじめました。

「わたしがまだ、※うら若《わか》いおとめだったころの話だよ。※春うららの、※かすみがかった日に、わたしが桜の木の下で泣いていたらね、そばに※ユニコーンが立っていたのさ。
　あんまりしずかにたたずんでいたから、いつからそこにいたものか、ちっとも気がつかなかったけどね。そうっと近づくと、おどろいたことにユニコーンも泣いているんだよ。声もたてず、しずかにね。うるんだガラスのような瞳《ひとみ》から大《おお》つぶの涙《なみだ》が、あとからあとからころがり落ちてくる」

「どうしてユニコーンは泣いてたの？」

「わからない。でも、なんだかとってもあわれで、わたしはユニコーンの背中《せなか》をさすってやったんだ。そうっとね。手をふれたらユニコーンは逃《に》げてしまうかと思ったのに、逃げなかった。それどころか、むしろ背中をさすってほしかったようだった。よほど苦しかったんだね。緑がかった灰色《はいいろ》の目からこぼれる涙と、舞《ま》いちる桜の花びらがね、どちらも音をたてず、はらはらと落ちてきて、それはそれは美しかった。
　わたしは自分の悲しみもわすれて、ただただユニコーンの背中をさすっていたんだ。その手ざわりをいまでもおぼえているよ。真珠色《しんじゅいろ》に光る※ビロードのような背中を。わたしがうっとりとなでていると、そのうちに、ユニコーンが苦しそうに、あえぎはじめた」

「どうしたの？」

「わたしもどうしたのかわからず、おろおろして、ひたすら体をさすってやることしかできなかった。そしたらとつぜん、ユニコーンがなにかを吐《は》きだしたんだ。どうやら、それが胸《むね》につかえて苦しんでいたらしい」

「なにがつかえてたの？」

「このエメラルドさ。この大きな石が、ユニコーンの胸につかえていたんだ。ユニコーンは、この石を吐きだすときゅうに元気になって、子鹿《こじか》のようにかろやかに、どこかへ走り去ってしまった。
　わたしは一人、とりのこされた。ユニコーンに気をとられているあいだはわすれていた自分の悲しみが、じわじわとぶりかえしてきた。いや、それどころか悲しみは、ユニコーンに会うまえよりも、いっそうひどくなってしまった。だって、わたしが泣いていても、わたしの背中をやさしくさすってくれる人はだれもいやしない。
　そう思ったら、涙のかたまりの石のようなものが、のどにつかえてくるのをかんじた。あのユニコーンの石のようにね。だれかわたしの背中をさすって、この石を吐きださせてくれたらいいのに。そうしたら、あんなふうに、はればれと、かろやかにかけだして行けるのに。

　そんなやりきれない気持ちでユニコーンの残していった石を見つめていると、ふと、見えたんだ。石のなかに埋《う》まっているクローバーが。しかも、ただのクローバーじゃない、しあわせの※シンボルの四つ葉のクローバーが。

　そのとき、わたしはこう思った。このエメラルドはユニコーンの悲しみの結晶《けっしょう》だ。でも、そのなかにはしあわせが埋まっている。もし、わたしののどにつかえている石も、このエメラルドと同じものだとしたら？　その石のなかにも、四つ葉のクローバーが埋まっているのかもしれない。

　そう思ったら、とつぜんさっきまでわたしを苦しめていた悲しみが、宝《たから》のようにいとおしくなった。悲しみの石がこんなに美しいものなのだとしたら、わたしは一生この胸に、この石をかかえて生きていってもかまわないと思えた。

　それでわたしは、のどにつかえた悲しみの石を、ごくり、と飲みこんだのさ」

　レンちゃんはびっくりしました。こんなに美しい石が、高田さんの胸にも入っているなんて。高田さんをとても美しくかんじました。

「高田さんはこのエメラルドと同じくらい、きれい」

「おや、そんなふうにいってくれるなんて、うれしいね。ありがとう。うん、そうね、人を美しく見せるのは、しあわせなときだけではないかもしれないね。ひめられた悲しみもまた、人を美しく見せるものかもしれないね」

（橘《たちばな》　春香《はるか》「銀杏堂《ぎんなんどう》」による）

〈注〉

※うら若《わか》い——とても若い様子。

※春うらら——日の光がのどかで気持ちのいい春の様子。

※かすみがかった——春のころ空気中の水蒸気《すいじょうき》が雲のように地上に広がっている様子。

※ユニコーン——ヨーロッパの伝説上の動物。体は馬に似ていて、額に一本の角がある。

※ビロード——きぬ・わた・毛などで織った、やわらかくつやのある織物。

※シンボル——考えや気持ちなど形のないものを、色や形にたとえて表したもの。

〈問題1〉もったいぶっているとありますが、高田さんはなぜこのような様子だったのですか。三十字以上三十五字以内で書きなさい。ただし、下の**〈注意〉**にしたがうこと。

〈問題2〉わたしは一生この胸に、この石をかかえて生きていってもかまわないと思えた。とありますが、このような高田さんの思いや、生き方についてあなたはどう考えますか。あなたの考えを、具体的な理由をあげながら百八十字以上二百字以内で説明しなさい。ただし、次の**〈注意〉**にしたがうこと。

〈注意〉・段落《だんらく》を設けず、一ますめから書きなさい。

・、や。や」などもそれぞれ字数に数えます。これらの記号が行の先頭に来るときには、前の行の最後の文字と同じますめに書きます。この場合、最後のますめに書いた文字と記号で一字と数えます。

・。と」が続く場合には、同じますめに書きます。この場合、。」で一字と数えます。

〔文章B〕

いうまでもなく、上達するためには練習が必要不可欠の要素だが、練習がもたらす効果には、どのようなものがあるのだろうか？

一つは、「将棋《しょうぎ》に慣れる」という効果がある。

「習うより慣れよ」という言葉があるように、慣れることによって、よりスムーズに洗練《せんれん》された将棋が指せるようになる。

また、慣れてくれば疲《つか》れないので、次にすることへの負担《ふたん》も小さくなるし、余裕《よゆう》を持って取り組めるようになるという効果もある。

さらに、余裕が出てくれば、一つの戦法だけに集中する必要もなくなるので、応用の幅《はば》が大きく広がっていくという効果も期待できる。

ここでちょっと、子供《こども》の頃《ころ》に自転車の練習をしたことを思い出してみてほしい。

「こうすれば自転車に乗れるようになる」と理屈《りくつ》を教えてもらうだけでは、誰《だれ》も乗れるようにならなかったはずだ。実際に動かしてみて、何度も転んだりしながら、自転車に慣れていったと思う。

そうして慣れることによって、初めて転ぶことなく乗れるようになるわけである。

しかし、自転車に乗れる人はたくさんいても、なぜバランスを崩《くず》さずに乗り回せるのか説明できる人は少ない。

きちんと説明できるようになるためには、もっともっと練習をして自転車に対する理解を深めるか、仮に乗れなくても一つひとつの動作を分析《ぶんせき》し、理論《りろん》を構築できるようにならなければならない。それができて初めて、論理的《ろんりてき》な説明が可能になる。

将棋や自転車に限らず、ものごとを言語化して説明できるようになるためには、対象に関するより深い理解と※洞察《どうさつ》が必要のようだ。そのためにも練習は大切だと思う。

練習は、たくさんすれば良いのだろうか？

将棋を始めたばかりの時は、何よりも練習量が必要ではないかと思う。

基本や基礎《きそ》をしっかりと固めるためには、とにかくある一定のまとまった時間を費《つい》やさなければ身に付かないし、そこからの大きな進歩も考えられない。

最初のうちは練習量に比例して上達していくが、いずれその伸《の》びが止まり、※停滞期《ていたいき》に入ることもある。その時はどうしたら良いか？

量によってその壁《かべ》を乗り越《こ》える方法もある。とにかく多くの時間を使って、繰《く》り返し、繰り返し、練習を重ねてレベルアップをして突《つ》き抜《ぬ》けるのだ。

また、この時期に練習の質について見直す※アプローチもあるのではないかと思っている。※メソッドを変えることによって現状を打破し、※ブレイクスルーを起こすやり方だ。

停滞期には、どうしても※モチベーションが落ちてしまうので、練習の質を見直すアプローチは、気持ちを切り替《か》える意味でも効果があるような気がする。

さらに私《わたし》は、練習をする意味として、安心を買っている面もあると思っている。

「これだけ努力をしたのだから大丈夫《だいじょうぶ》だろう」「これだけ頑張《がんば》ったのだからミスをするわけがない」という気持ちになるために、たくさんの練習をするわけだ。

練習をまったくせずにそんな気持ちになれる人は、とても少ないだろう。安心も自信も、そんな小さな積み重ねのなかから、徐々《じょじょ》に育て上げていくものではないかと思っている。

昨今の将棋界は変化がとても速く、そして激《はげ》しい。

私が十代の時に一生懸命《いっしょうけんめい》に研究し、練習した型は、今ではすでに古くなってしまい、使えることはとても少ない。

それでも稀《まれ》に、そんな知識が役に立った時はとても嬉《うれ》しい。「自分の努力は無駄《むだ》ではなかった、※徒労ではなかった」と思えることも、練習の大きな意義の一つなのである。

さらに、練習を続けることによって重要なことを忘《わす》れずにすむという利点もある。

人間は、加齢《かれい》とともに忘れてしまうことが増える。どうでもいいことや必要でないことは、どんどん忘れた方がいいと思うが、重要なことを忘れてしまうのは深刻《しんこく》な問題だ。

だが、それは練習を続けることによって未然に防げる。

おそらく人間の頭の中では、覚えることと忘れることの順位付けが、加齢とともに上手になっているのだろう。練習をすることで、それがさらに上手になり、より洗練されたものになるのだと、私は思っている。

（羽生善治《はぶよしはる》「大局観」ＫＡＤＯＫＡＷＡによる）

〈注〉

※洞察《どうさつ》――物事をよく観察して、その本質を見通すこと。

※停滞期《ていたいき》――あるところにとどまって、進まない時期。

※アプローチ――近づく方法や道。

※メソッド――方法。

※ブレイクスルー――難関《なんかん》を突破《とっぱ》すること。

※モチベーション――何かをしようとしたり、目標をもったりすることの動機づけ。

※徒労――何にもならない苦労。

〈問題3〉なぜバランスを崩《くず》さずに乗り回せるのか説明できる人は少ない。とありますが、それはなぜですか。本文中の言葉を用いて、四十字以上五十字以内で書きなさい。ただし、下の**〈注意〉**にしたがうこと。

〈問題4〉練習は、たくさんすれば良いのだろうか?とありますが、練習を続けるのが難《むずか》しいとき、あなたはどのように考え、行動しますか。具体例を交えて百八十字以上二百字以内で書きなさい。ただし、次の**〈注意〉**にしたがうこと。

〈注意〉
・段落《だんらく》を設けず、一ますめから書きなさい。
・、や。や」などもそれぞれ字数に数えます。これらの記号が行の先頭に来るときには、前の行の最後の文字と同じますめに書きます。この場合、最後のますめに書いた文字と記号で一字と数えます。
・。と」が続く場合には、同じますめに書きます。この場合、。」で一字と数えます。

適性検査Ⅱ

注　　意

1　問題は **1** から **3** までで、**16**ページにわたって印刷してあります。

2　検査時間は**45分**で、終わりは**午前11時00分**です。

3　声を出して読んではいけません。

4　計算が必要なときは、この問題用紙の余白を利用しなさい。

5　答えは全て解答用紙に明確に記入し、**解答用紙だけを提出しなさい。**

6　答えを直すときは、きれいに消してから、新しい答えを書きなさい。

7　**受検番号**を解答用紙の決められたらんに記入しなさい。

東京都立三鷹中等教育学校

問題は次のページから始まります。

1　**みつこ**さんと**たかお**さんは運動会の応えん旗にかくマークのデザインについて話し合っています。そこへ**先生**が様子を見にやってきました。

みつこ：こんなのはどうだろう。(**図1**)

たかお：おもしろい形だね。どうやってかいたの。

みつこ：この図形は正三角形のまわりに、正三角形の１辺の長さを半径とする円の半分を３個つけたものだよ。(**図2**)

たかお：素敵《すてき》なマークができたね。でも、**図1**の図形は、線《せん》対称《たいしょう》な図形ではないよね。点対称《てんたいしょう》な図形でもないのかな。

みつこ：そのとおり。**図2**の図形は、点O《オー》を中心としてある角度だけ回転させると、もとの図形とぴったり重なるんだよ。さて、どれだけの角度を回転させればよいでしょう。

たかお：この図形は、**図3**のように点Oを中心にして、仮に時計回りに１２０°回転させると、点A《エー》が点B《ビー》に、点Bが点C《シー》に、点Cが点Aにそれぞれ移動するから、もとの図形とぴったり重なるね。

みつこ：そうだね。回転させる向きは、時計回りとは逆の向きでもいいのだけれどね。

たかお：この図形は線対称な図形でもないし、点対称な図形でもないけれど、何か特ちょうのある図形だよね。何と呼《よ》べばいいのかな。

先　生：みつこさんが考えたような図形は線対称な図形でもないし、点対称な図形でもないけれども、二人が話し合ったとおり、一つの点を中心にして、回転させる向きを決めてある角度だけ回転させると、もとの図形とぴったり重なるので、「回転対称《かいてんたいしょう》な図形」と呼ぶことにしましょう。

たかお：分かりました。

先　生：さらに、みつこさんが考えた図形の場合は、点Oを中心にして、回転させる向きを決めて１２０°回転させるともとの図形とぴったり重なり、それを３回くり返すと合計で３６０°回転してもとの位置にもどります。そこで、このような特ちょうをもった回転対称な図形を「３回対称の図形」と呼ぶことにしましょう。

図1

図2

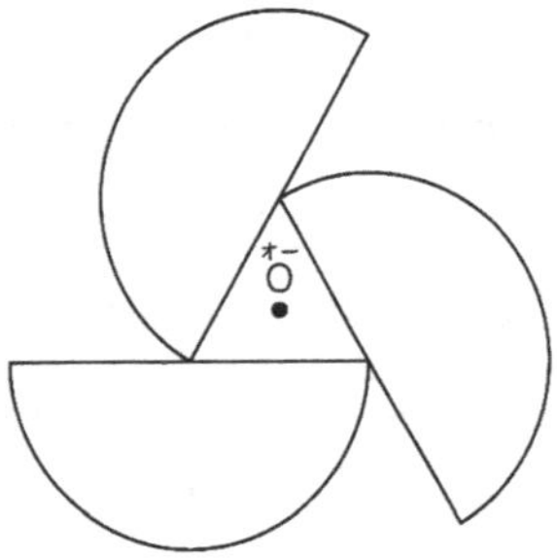

図3

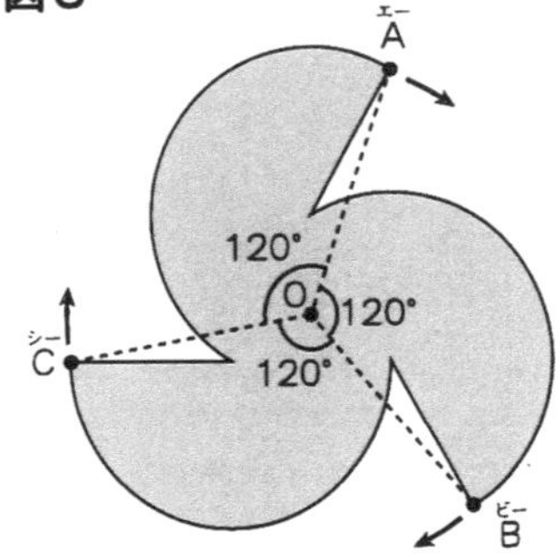

みつこ：点対称な図形は、一つの点を中心にして１８０°回転させるとぴったり重なるし、それを２回くり返せば合計で３６０°回転してもとの位置にもどるので、点対称な図形を「２回対称の図形」と呼ぶことができますか。

先　生：そのとおりです。

たかお：「１回対称の図形」というのはあるのですか。

先　生：「１回対称の図形」を考えることにすると、１回の回転だけで、もとの位置にもどることになりますよね。そうすると、どれだけの角度を回転させればよいのか分かりますか。

みつこ：３６０°です。

先　生：そうですね。

たかお：そうすると、すべての図形が「１回対称の図形」ということになってしまうのではないでしょうか。

先　生：そうですね。だから、「１回対称の図形」というのは考えないことにしましょう。

たかお：分かりました。

先　生：また、「１．５回対称の図形」のように、回転させる回数が整数以外の数になる場合も考えないことにしましょう。

たかお：身近にある図やマークの中には、線対称な図形や点対称な図形がたくさんあるけれど、回転対称な図形もありそうですね。

先　生：いろいろ探《さが》してみるとよいですね。さて、それではここで先生がかいた図形のいくつかをしょうかいしましょう。この中で、みつこさんが考えた図形と同じ特ちょうをもった図形があるのですが、どれだか分かりますか。

〔問題１〕　次の**ア～カ**の図形の中に、会話文の下線部に書かれている条件を満たす図形がいくつかあります。その中から二つ選び、記号で答えなさい。また、選んだ図形がそれぞれ何回対称の図形になるかを答えなさい。

ア　合同な台形を５個並《なら》べた図形

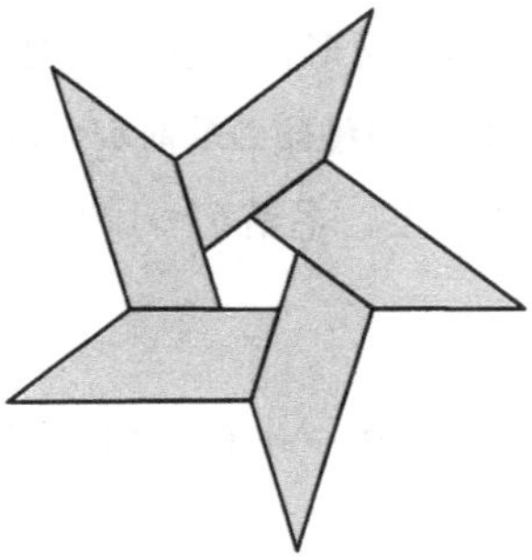

イ　合同な大きい正三角形を４個と合同な小さい正三角形を３個並べた図形

ウ　合同な円の３等分を３個と合同な正方形を６個と合同な直角二等辺三角形を３個並べた図形

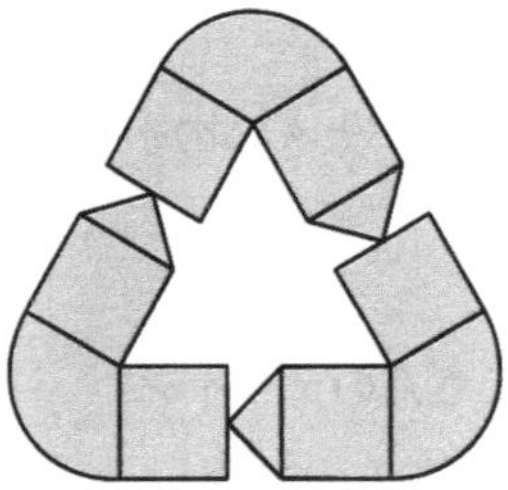

エ　合同な円の半分を２個と合同な長方形を３個並べた図形

オ　一つの点のまわりに合同な円の半分を６個並べた図形

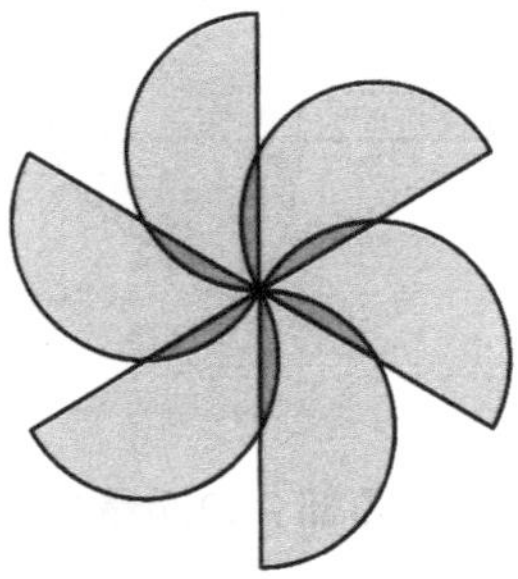

カ　合同なひし形を３個並べた図形

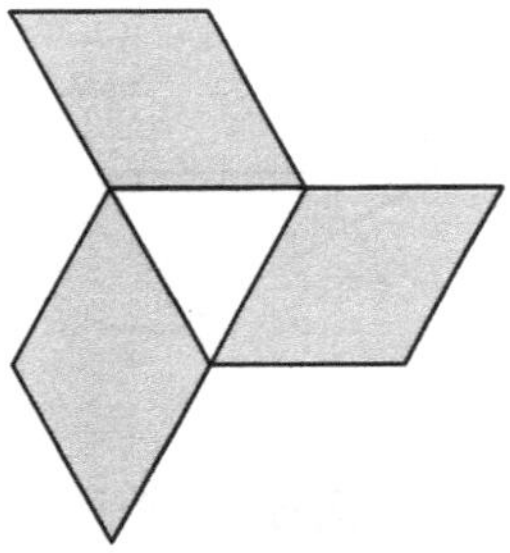

たかお： 回転対称な図形に「２回対称の図形」、「３回対称の図形」、……と名前をつけていくと、全部で何種類の名前がつけられるのかな。

みつこ： 名前をつけるためには、もとの位置にもどるために必要な回転の回数を調べればいいよね。

たかお： ぴったり重なるために必要な回転の角度について、どのような場合があるかを調べればいいのかな。

〔問題２〕 回転させる角度を整数のみとするとき、回転対称な図形に「２回対称の図形」、「３回対称の図形」、……と名前をつけていくと、全部で何種類の名前がつけられるか答えなさい。また、その求め方も説明しなさい。ただし、名前がつけられる図形はすべてかくことができることとします。

たかおさんとみつこさんは、回転対称な図形を応えん旗のマークのデザインにしようと決めました。

たかお： ぼくはこんなデザインを考えたよ。（**図４**）

みつこ： わたしは、前のデザインを改良してこんなデザインを考えたよ。（**図５**）

たかお： 円周を６等分した図をもとにしているところが同じだね。

みつこ： でも、もとにした円の大きさがちがうよね。

たかお： ぬりつぶしている部分の面積はどちらのデザインのほうが大きいのかな。

みつこ： 自分がデザインした図形の面積を計算してみよう。

図４：たかおさんのデザイン
（半径３６ｃｍの円をもとにしている）

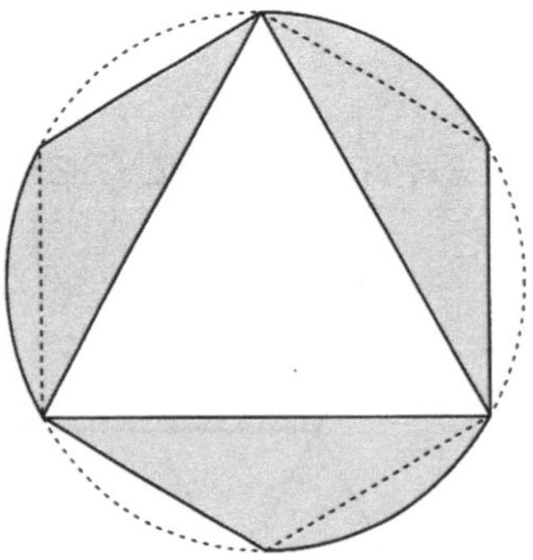

図５：みつこさんのデザイン
（半径３０ｃｍの円をもとにしている）

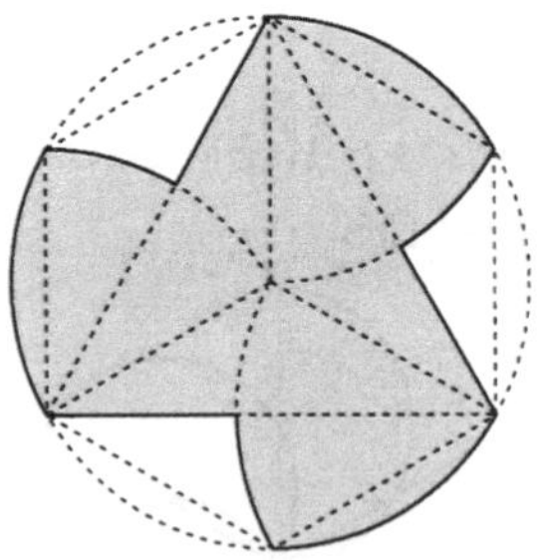

〔問題３〕 **図４**、**図５**の図形のどちらかを選び、ぬりつぶしている部分の面積を求めなさい。また、その求め方を図と言葉と計算式を使って説明しなさい。ただし、説明に使う図は、解答らんにある図から一つを選びなさい。また、円周率は３．１４とし、答えは小数第二位を四《し》捨《しゃ》五《ご》入《にゅう》して小数第一位まで求めなさい。

2　校外学習で昼食時におとずれた都立公園で**花子**さんと**太郎**《たろう》さんが、外国人旅行者について話をしています。

花　子：都立公園には外国人が大勢見学におとずれているね。
太　郎：先生も、最近は日本をおとずれる外国人の数が増えていると言っていたよ。
花　子：日本をおとずれる外国人の数はいつごろから多くなってきたのかな。
太　郎：私《わたし》たちが生まれたころと比べて、どのくらい増えているのだろうか。
花　子：日本をおとずれる外国人の数の変化を調べてみようよ。
太　郎：国外に行く日本人もたくさんいるだろうから、日本をおとずれる外国人の数と比べてみるのもおもしろそうだよ。校外学習から帰ったら、調べてみよう。

花子さんと太郎さんは、校外学習の後、図書館に行き、次の資料（**図1**）を見つけました。

図1　日本人の出国者数と、日本への外国人の入国者数の移り変わり

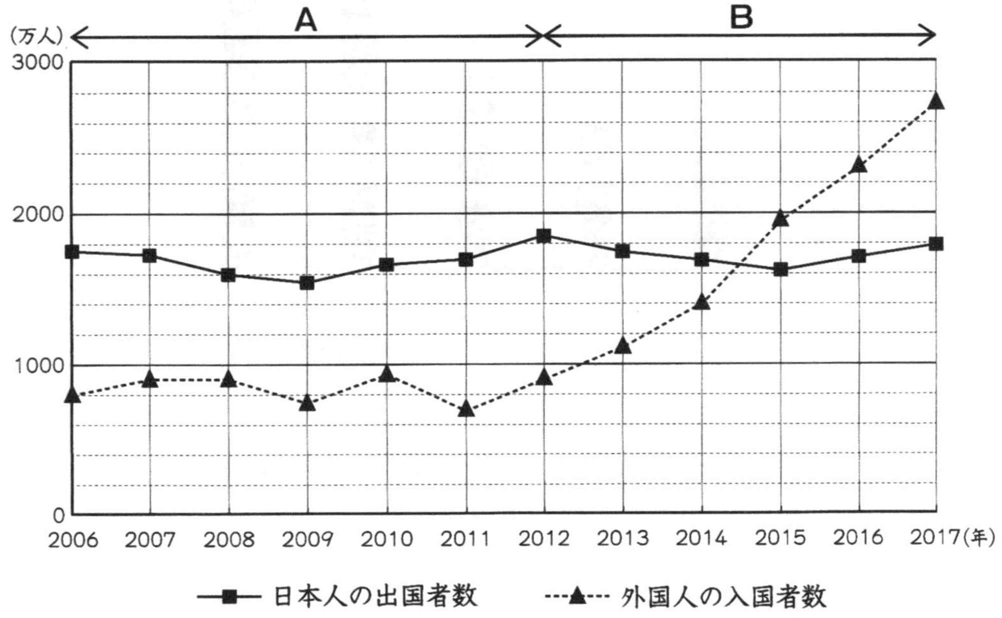

（法務省の資料より作成）

花　子：2006（平成18）年から2012（平成24）年までの間（**図1**の**A**の期間）では、**（あ）**。2012（平成24）年は日本人の出国者数は、外国人の入国者数の約 **（い）** 倍であることが分かるね。
太　郎：2012（平成24）年から2017（平成29）年までの間（**図1**の**B**の期間）では、**（う）**。外国人の入国者数は、2017（平成29）年には2012（平成24）年と比べて約 **（え）** 倍になっていることが分かるね。

〔問題1〕　花子さんと太郎さんは、**図1**をもとに日本人の出国者数と、日本への外国人の入国者数を比べて、それぞれの変化のようすについて話し合っています。二人の会話中の［（あ）］から［（え）］の空らんのうち［（あ）］と［（う）］には当てはまる文を、［（い）］と［（え）］には当てはまる整数を答えなさい。

花　子：観光を目的として日本をおとずれる外国人旅行者について、調べてみようよ。

太　郎：日本をおとずれる外国人旅行者について、こんな資料（**図2**）があったよ。この資料の「延《の》べ宿はく者数」は、例えば一人が2はくした場合を2として数えているよ。

図2　外国人旅行者の延《の》べ宿はく者数の移り変わり

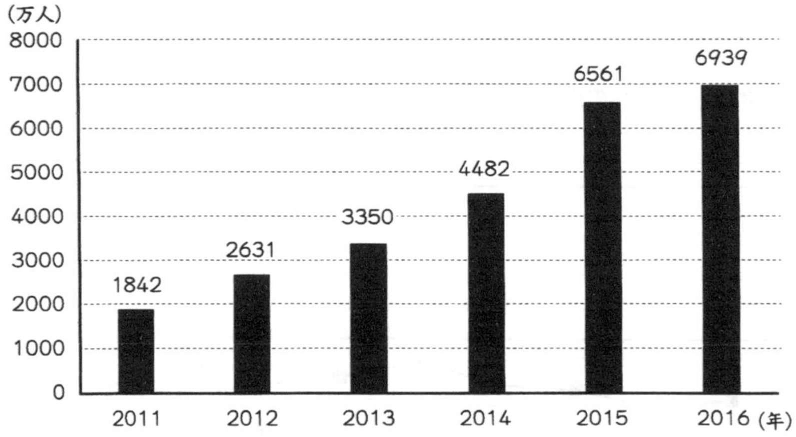

（観光庁《かんこうちょう》「宿泊《しゅくはく》旅行統計調査」より作成）

太　郎：外国人旅行者の延べ宿はく者数が2011（平成23）年には約1842万人だったのに対し、2016（平成28）年には約6939万人になっていて、約4倍に増えていることが分かるね。

花　子：日本のどのような地域《ちいき》で外国人旅行者の延べ宿はく者数が増えているのかな。

太　郎：こんな資料（**図3**）があったよ。これは、長野県松本市《ながのけんまつもとし》、岐阜県高山市《ぎふけんたかやまし》、和歌山県《わかやまけん》西牟婁郡白浜町《にしむろぐんしらはまちょう》という三つの地域における外国人旅行者の延べ宿はく者数の移り変わりを示しているよ。

図3　三つの地域《ちいき》の外国人旅行者の延べ宿はく者数の移り変わり

長野県松本市《ながのけんまつもとし》

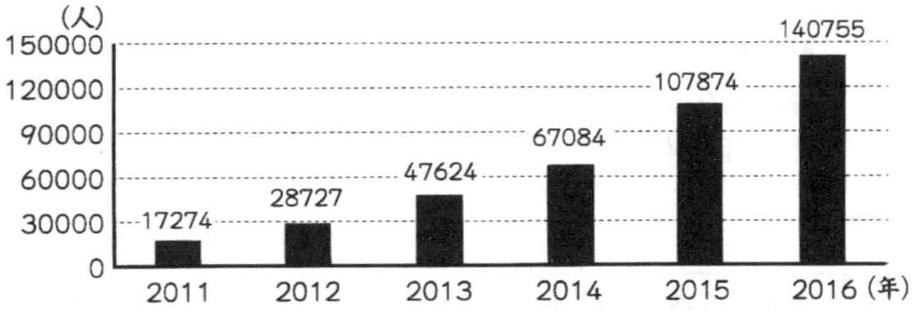

(長野県「長野県外国人延《のべ》 宿《しゅく》 泊《はく》者数《しゃすう》調査結果」より作成)

岐阜県高山市《ぎふけんたかやまし》

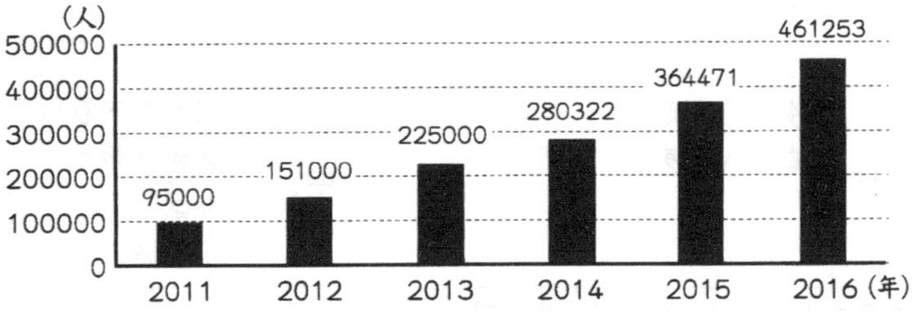

(高山市「高山市外国人観光客宿泊統計」より作成)

和歌山県西牟婁郡白浜 町《わかやまけんにしむろぐんしらはまちょう》

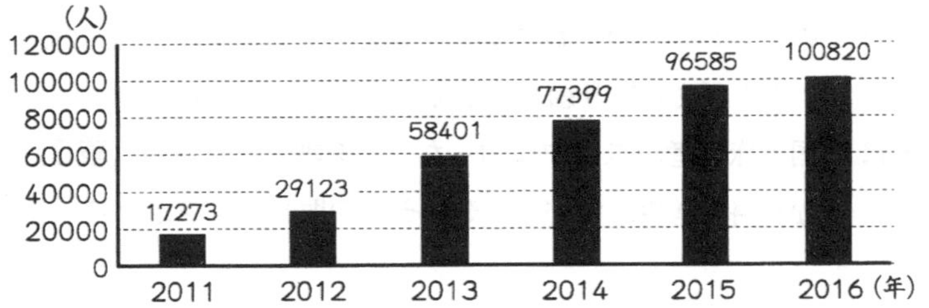

(一般《いっぱん》社団法人南紀白浜《なんきしらはま》観光局「平成３０年度事業計画」より作成)

花　子：この三つの地域は、外国人旅行者の延べ宿はく者数がここ数年で大はばに増えた地域だね。地図上の位置や、どのような地域かなどをもう少し調べてみようよ。(**図4**、**表1**、**表2**)

図4

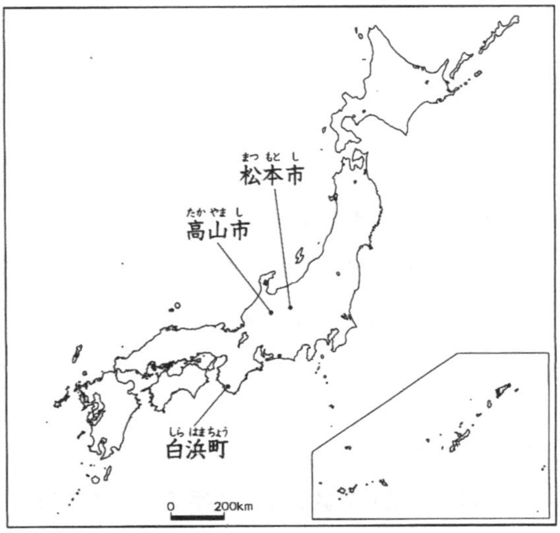

表1　花子さんが調べた三つの地域の主な観光資源《かんこうしげん》

松本市《まつもとし》	松本城《まつもとじょう》、スキー場、古い街なみ、温泉《おんせん》、そば打ち体験
高山市《たかやまし》	合しょう造りの民家、豊かな自然、鍾乳洞《しょうにゅうどう》、古い街なみ、温泉
白浜町《しらはまちょう》	砂浜《すなはま》、温泉、美しい景観、パンダ

（各市町ホームページなどより作成）

表2　太郎《たろう》さんが調べた三つの地域が行っている外国人旅行者のための取り組み

松本市	・中部国際空港との連けい（鉄道やバスへのスムーズな乗りつぎなど） ・観光情報サイトのじゅう実 ・多言語表記などのかん境整備 ・観光産業をになう人材の確保と育成
高山市	・海外への職員派《は》けん ・多言語パンフレットの作成 ・伝統文化とふれ合う場の提供《ていきょう》 ・通訳《つうやく》案内士の養成
白浜町	・観光案内看板《かんばん》の多言語化 ・観光情報サイトのじゅう実 ・外国人向けの観光案内の動画作成 ・多言語によるアンケート調査

（各市町ホームページなどより作成）

太　郎：三つの地域にはいろいろな観光資源《かんこうしげん》があることが分かるね。

花　子：この三つの地域は、観光資源があることの他に、外国人旅行者におとずれてもらうために、さまざまな取り組みをしているね。

太　郎：外国人旅行者が旅行中に困《こま》ったことを調査した結果（**表3**）を見つけたけれど、このような資料を活用しながら、それぞれの取り組みを進めているのかな。

表3　日本をおとずれた外国人旅行者が旅行中に困《こま》ったこと

○情報通信かん境が十分でない。
○クレジットカード支はらいが利用できない場所がある。
○多言語対応が不十分である。
・し設等のスタッフとコミュニケーションがとれない。（英語が通じないなど）
・表示が少ない。分かりにくい。（観光案内板など）
・多言語の地図やパンフレットの入手場所が少ない。
・公共交通の利用方法が分からない。（乗りかえ方法など）
・外国の通貨を円に両がえできる場所が分からない。

（観光庁「訪日《ほうにち》外国人旅行者の国内における受入環境《うけいれかんきょう》整備に関するアンケート結果」平成29年より作成）

〔問題２〕　松本市、高山市、白浜町の三つの地域から一つを選び、その地域で外国人旅行者の延べ宿はく者数がここ数年で大はばに増えているのは、観光資源があることの他にどのような理由が考えられるか、**表2**と**表3**をふまえてあなたの考えを書きなさい。

解答用紙　適性検査Ⅰ

1

〔文章A〕

〔問題1〕　20点

25　30　35

〔問題2〕　30点

25　100　180　200

受検番号

得点
※
※100点満点

※のらんには何も記入しないこと

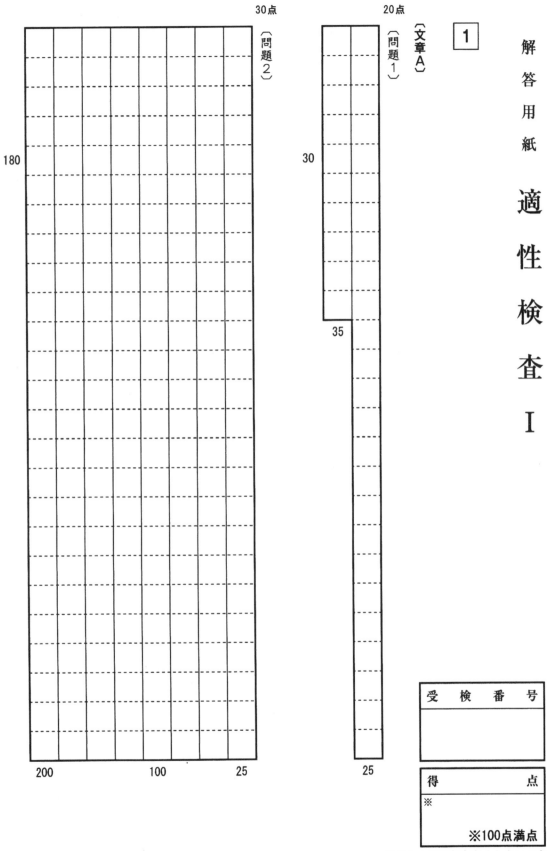

解答用紙　適性検査Ⅱ

受　検　番　号

得　　　点
※ ※100点満点

※のらんには、記入しないこと

1

〔問題１〕 10点

選んだ図形一つめ	記号は □ で □ 回対称《たいしょう》の図形である。
選んだ図形二つめ	記号は □ で □ 回対称の図形である。

※

〔問題２〕 14点

全部で □ 種類の名前がつけられる。
〔説明〕

※

〔問題３〕 16点

選んだ図形は **図** □	選んだ図形の面積は □ ｃｍ^2

〔説明〕

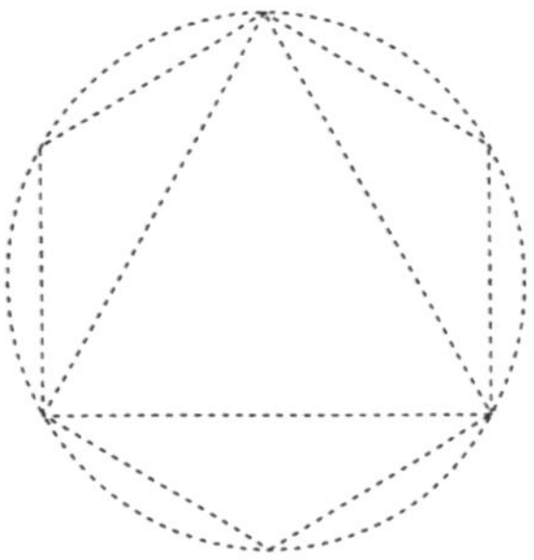

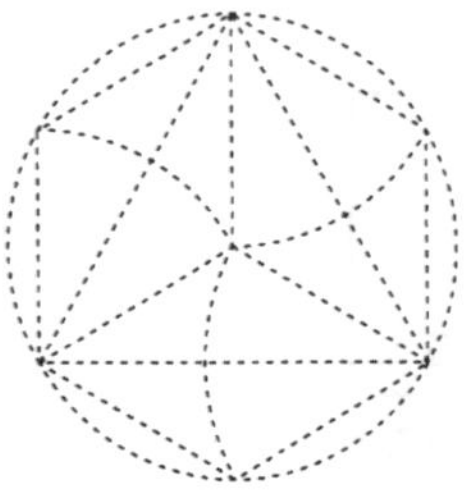

※

2

〔問題１〕　12点

（あ）

（い）　　倍

（う）

（え）　　倍

※

〔問題２〕　8点

〔選んだ地域《ちいき》〕

〔あなたの考え〕

※

〔問題３〕　10点

〔役割《やくわり》１〕

〔役割２〕

※

3

〔問題１〕　6点

〔比べたい紙〕
〔基準にするもの〕
〔和紙は水を何倍吸《す》うか〕　　　　倍

※

〔問題２〕　12点

〔選んだ紙〕
〔せんいの向き〕　　　　方向
〔理由〕

※

〔問題３〕　12点

（１）
（２）

※

〔文章B〕

〔問題3〕 20点

25
40
50

〔問題4〕 30点

25
100
180
200

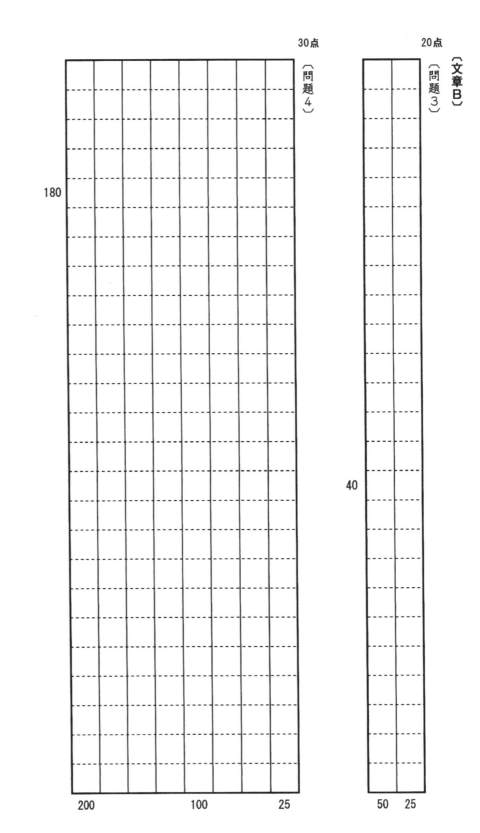

花　子：外国人旅行者のためのパンフレットやガイドブックには、具体的にどのような工夫《くふう》がされているのかな。

太　郎：東京駅では日本語と日本語以外の言語で書かれている駅構内・周辺案内図があって、もらってきたので日本語の案内図と比べてみようよ。

花　子：案内図（**図5**、**図6**）には、いろいろなマークがたくさんかいてあるね。

太　郎：このマークは案内用図記号というそうだよ。

花　子：この案内図の中の「インフォメーションセンター（案内所）」、「エレベーター」、「郵便《ゆうびん》ポスト」、「バスのりば」を表すマーク（**図7**）は、今までに見かけたことがあるよ。

図5　日本語の東京駅構内・周辺案内図の一部

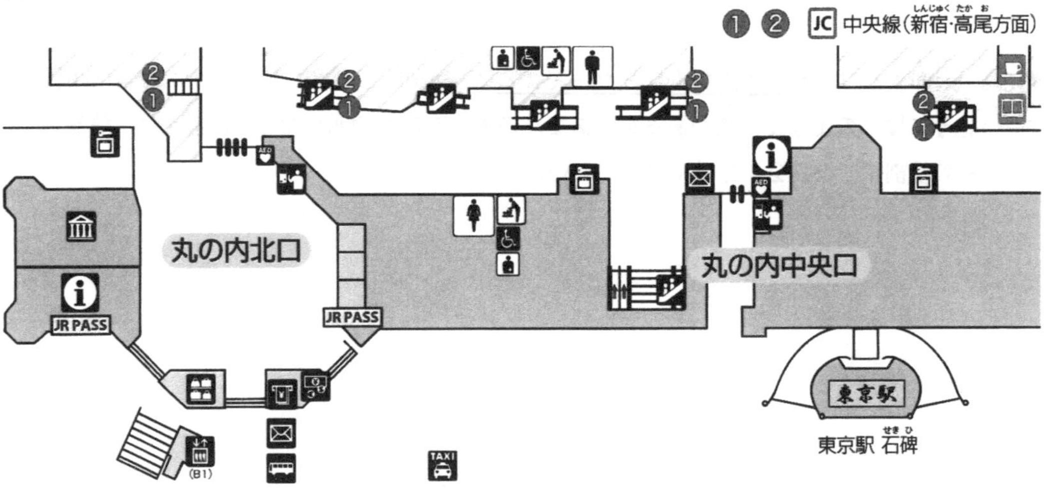

（東京ステーションシティー運営協議会「東京駅構内・周辺案内マップ」より作成）

図6　英語の東京駅構内・周辺案内図の一部

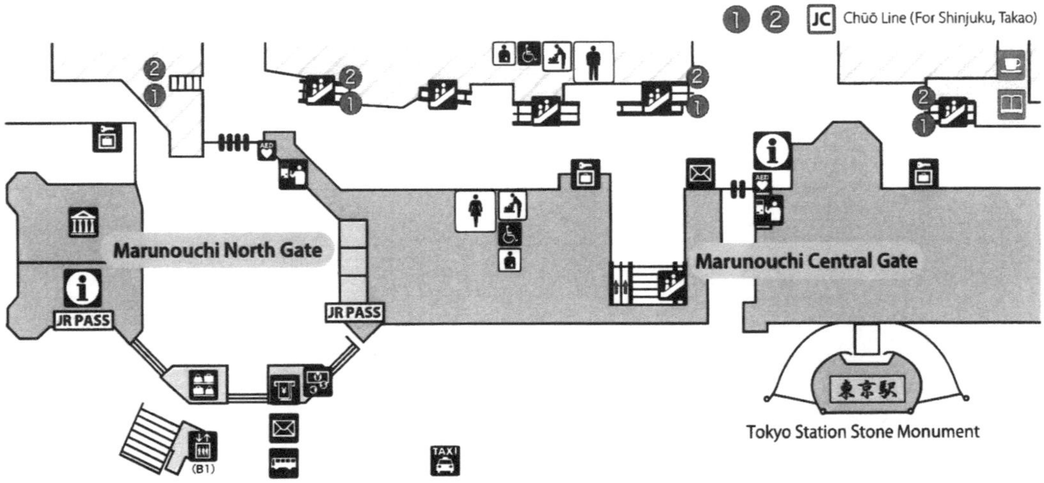

（東京ステーションシティー運営協議会「東京駅構内・周辺案内マップ」より作成）

図7　花子さんが今までに見かけたことがあるマーク

太　郎： このようなマークは外国人旅行者もふくめて、子供《こども》から高れい者まで、さまざまな人に役立っているようだね。

〔問題3〕　太郎さんは「さまざまな人に役立っているようだね。」と言っていますが、案内用図記号にはどのような役割《やくわり》があるか、あなたの考えを二つ説明しなさい。答えは、解答らんの役割1、役割2に分けて書きなさい。

このページには問題は印刷されていません。

3　**太郎**《たろう》さん、**花子**さん、**先生**が先日の校外学習について話をしています。

太　郎：校外学習の紙すき体験で、和紙は水をよく吸《す》うと教えてもらったね。

花　子：和紙と比べて、プリント用の紙、新聞紙、工作用紙などのふだん使っている紙は、水の吸いやすさにちがいがありそうだね。和紙と比べてみよう。

二人は先生のアドバイスを受けながら、和紙、プリント用の紙、新聞紙、工作用紙について、**実験１**をしました。

実験１　水の吸《す》いやすさを調べる実験

1　実験で使う紙の面積と重さをはかる。
2　容器に水を入れ、水の入った容器全体の重さを電子てんびんではかる。
3　この容器の中の水に紙を１分間ひたす。
4　紙をピンセットで容器の上に持ち上げ、３０秒間水を落とした後に取り除《のぞ》く。
5　残った水の入った容器全体の重さを電子てんびんではかる。
6　２の重さと５の重さの差を求め、容器から減った水の重さを求める。

太　郎：実験１の結果を**表１**のようにまとめたよ。

花　子：容器から減った水の重さが多いほど、水を吸いやすい紙といえるのかな。

太　郎：実験で使った紙は、面積も重さもそろっていないから、水の吸いやすさを比べるにはどちらか一方を基準にしたほうがいいよね。

花　子：紙の面積と紙の重さのどちらを基準にしても、水の吸いやすさについて、比べることができるね。

表１　実験１の結果

	和紙	プリント用の紙	新聞紙	工作用紙
紙の面積（cm^2）	４０	８０	２００	５０
紙の重さ（g）	０.２	０.５	０.８	１.６
減った水の重さ（g）	０.８	０.７	２.１	２

〔問題１〕　和紙の水の吸いやすさについて、あなたが比べたい紙をプリント用の紙、新聞紙、工作用紙のうちから一つ選びなさい。さらに、紙の面積と紙の重さのどちらを基準にするかを書き、あなたが比べたい紙に対して、和紙は水を何倍吸うかを**表１**から求め、小数で答えなさい。ただし、答えが割《わ》りきれない場合、答えは小数第二位を四捨五入《ししゃごにゅう》して小数第一位までの数で表すこととする。

花　子：紙すき体験では、あみを和紙の原料が入った液に入れて、手であみを前後左右に動かしながら原料をすくったね。

太　郎：和紙の原料は、コウゾやミツマタなどの植物のせんいだったよ。

花　子：**図1**を見ると、和紙は、せんいの向きがあまりそろっていないことが分かるね。

図1　和紙のせんいの拡大写真《かくだいしゃしん》

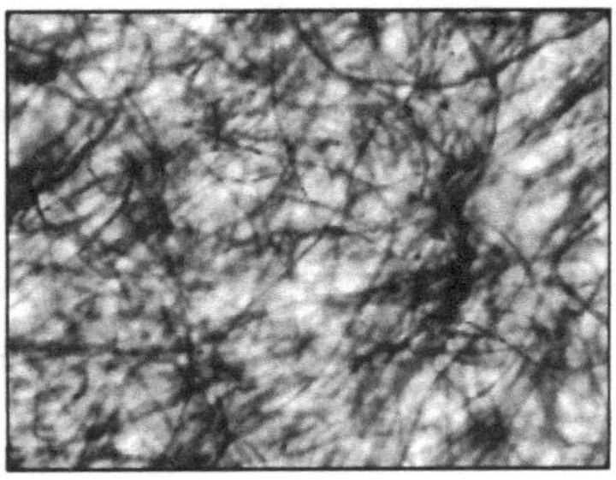

太　郎：ふだん使っている紙は、和紙とどのようにちがうのですか。

先　生：学校でふだん使っている紙の主な原料は、和紙とは別の植物のせんいです。また、機械を使って、あみを同じ向きに動かし、そこに原料をふきつけて紙を作っています。だから、和紙と比べると、より多くのせんいの向きがそろっています。

花　子：ふだん使っている紙のせんいの向きを調べてみたいです。

先生は、プリント用の紙、新聞紙、工作用紙のそれぞれについて、一つの角を選び、**A**方向・**B**方向と名前をつけて、**図2**のように示しました。

図2　方向の名前のつけ方

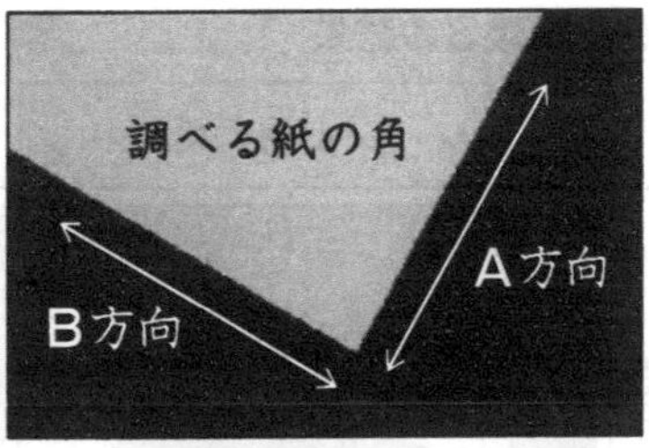

太　郎：それぞれの紙について、せんいの向きが**A**方向と**B**方向のどちらなのかを調べるには、どのような実験をしたらよいですか。

先　生：**実験2**と**実験3**があります。**実験2**は、紙の一方の面だけを水にぬらした時の紙の曲がり方を調べます。ぬらした時に曲がらない紙もありますが、曲がる紙については、曲がらない方向がせんいの向きです。

花　子：それぞれの紙について、先生が選んだ一つの角を使って同じ大きさの正方形に切り取り、**実験2**をやってみます。

実験2の結果は、**図3**のようになりました。

図3　**実験2**の結果

プリント用の紙	新聞紙	工作用紙
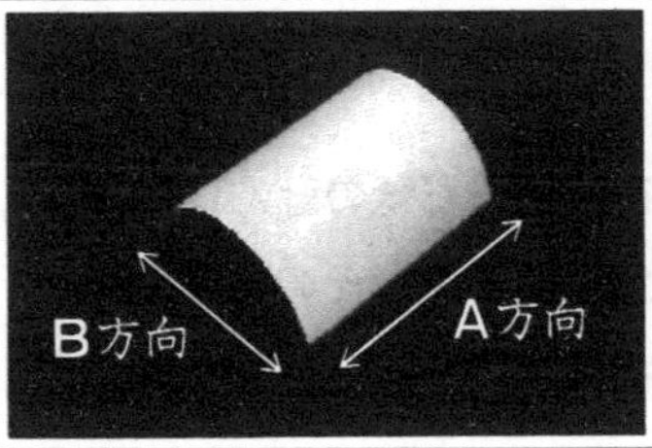	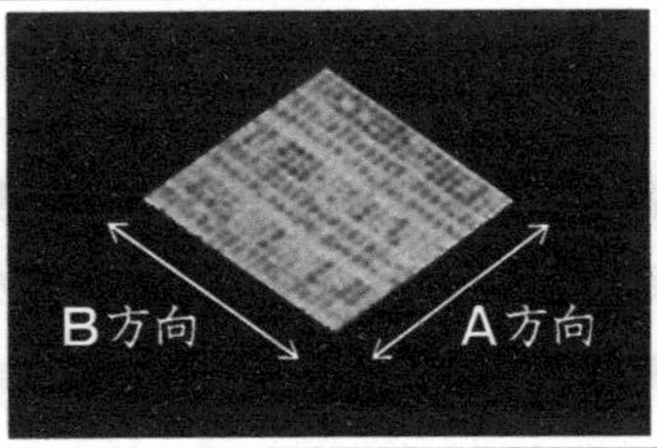	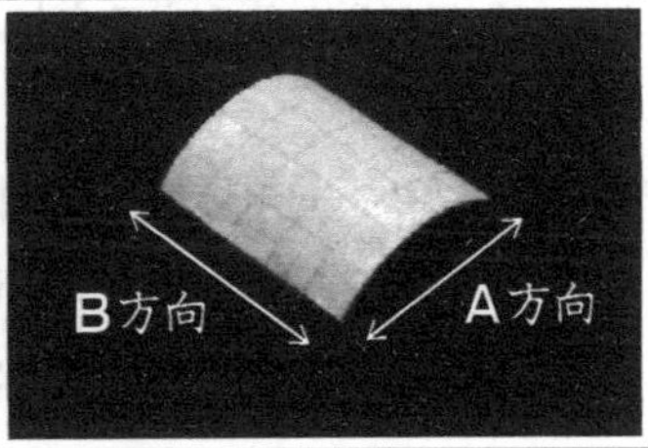

花　子：実験3はどのようなものですか。

先　生：短冊《たんざく》の形に切った紙の垂《た》れ下がり方のちがいを調べます。紙には、せんいの向きに沿《そ》って長く切られた短冊の方が垂れ下がりにくくなる性質がありますが、ちがいが分からない紙もあります。

太　郎：短冊は、同じ大きさにそろえた方がいいよね。

花　子：A方向と**B**方向は、紙を裏返《うらがえ》さずに**図2**で示された方向と同じにしないといけないね。

二人は、**図2**で先生が方向を示した紙について、**図4**のように**A**方向に長い短冊**A**と、**B**方向に長い短冊**B**を切り取りました。そして、それぞれの紙について**実験3**を行いました。その結果は、**図5**のようになりました。

図4　短冊《たんざく》の切り取り方

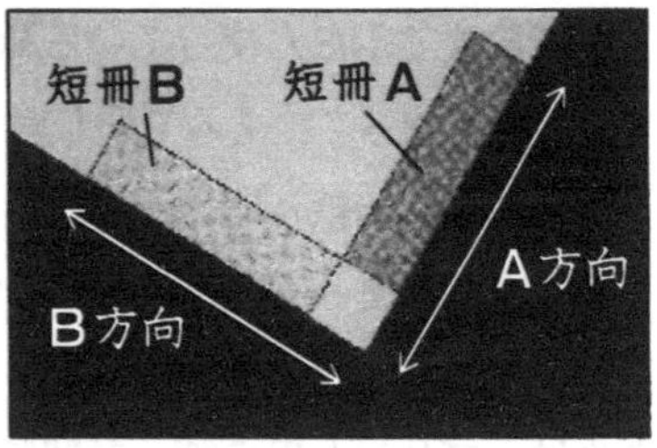

図5　**実験3**の結果

	プリント用の紙	新聞紙	工作用紙
短冊A			
短冊B		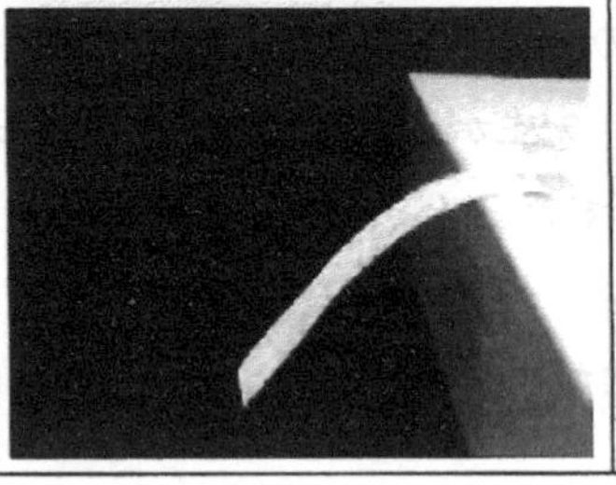	

太　郎：実験2と**実験3**の結果を合わせれば、プリント用の紙、新聞紙、工作用紙のせんいの向きが分かりそうですね。

〔問題2〕　プリント用の紙、新聞紙、工作用紙のうちから一つ選び、選んだ紙のせんいの向きは、**図2**で示された**A**方向と**B**方向のどちらなのか答えなさい。また、そのように答えた理由を**実験2**の結果と**実験3**の結果にそれぞれふれて説明しなさい。

太　郎：私《わたし》たちが校外学習ですいた和紙を画用紙にはって、ろう下のかべに展示《てんじ》しようよ。
先　生：昔から使われているのりと同じようなのりを使うといいですよ。
花　子：どのようなのりを使っていたのですか。
先　生：でんぷんの粉と水で作られたのりです。それをはけでぬって使っていました。次のような手順でのりを作ることができます。

〔のりの作り方〕

1　紙コップに２gのでんぷんの粉を入れ、水を加える。
2　割《わ》りばしでよく混ぜて、紙コップを電子レンジに入れて２０秒間加熱する。
3　電子レンジの中から紙コップを取り出す。
4　ふっとうするまで２と３をくり返し、３のときにふっとうしていたら、冷ます。

太　郎：加える水の重さは決まっていないのですか。
先　生：加える水の重さによって、紙をはりつけたときのはがれにくさが変わります。
花　子：なるべく紙がはがれにくくなるのりを作るために加える水の重さを調べたいです。
先　生：そのためには、加える水の重さを変えてできたのりを使って、**実験４**を行うといいです。
太　郎：どのような実験ですか。
先　生：**実験４**は、和紙をのりで画用紙にはってから１日おいた後、**図６**のようにつけたおもりの数を調べる実験です。同じ重さのおもりを一つずつ増やし、和紙が画用紙からはがれたときのおもりの数を記録します。
花　子：おもりの数が多いほど、はがれにくいということですね。
先　生：その通りです。ここに実験をするためのでんぷんの粉が5回分ありますよ。はけでぬるためには、加える水の重さは１回あたり５０g以上は必要です。また、紙コップからふきこぼれないように、１５０g以下にしておきましょう。
太　郎：のりしろは5回とも同じがいいですね。

図６　実験４のようす
（横からの図）

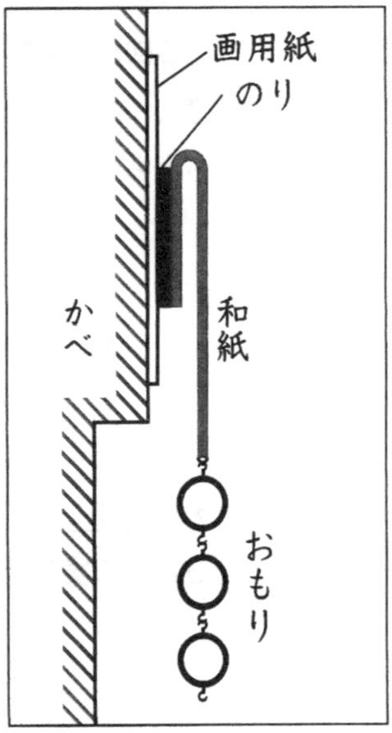

二人は、１回めとして、加える水の重さを５０gにしてできたのりを使って、**実験４**を行いました。そして、２回めと3回めとして、加える水の重さをそれぞれ６０gと７０gにしてできたのりを使って、**実験４**を行いました。その結果は、**表２**のようになりました。

表2　１回めから３回めまでの**実験４**の結果

	１回め	２回め	３回め
加える水の重さ（g）	５０	６０	７０
おもりの数（個）	４４	４６	５３

花　子：さらに加える水を増やしたら、どうなるのかな。たくさん実験したいけれども、でんぷんの粉はあと２回分しか残っていないよ。

先　生：では、あと２回の実験で、なるべく紙がはがれにくくなるのりを作るために加える水の重さを何gにすればよいか調べてみましょう。のりを作る手順は今までと同じにして、４回めと５回めの**実験４**の計画を立ててみてください。

太　郎：では、４回めは、加える水の重さを１００gにしてやってみようよ。

花　子：５回めは、加える水の重さを何gにしたらいいかな。

太　郎：それは、４回めの結果をふまえて考える必要があると思うよ。

花　子：なるほど。４回めで、もし、おもりの数が **(あ)** だとすると、次の５回めは、加える水の重さを **(い)** にするといいね。

先　生：なるべく紙がはがれにくくなるのりを作るために、見通しをもった実験の計画を立てることが大切ですね。

〔問題３〕（１）　５回めの**実験４**に使うのりを作るときに加える水の重さを考えます。あなたの考えにもっとも近い **(あ)** と **(い)** の組み合わせを、次の**A**～**D**のうちから一つ選び、記号で書きなさい。

A　**(あ)** ３５個　　**(い)**　８０g
B　**(あ)** ４５個　　**(い)** １１０g
C　**(あ)** ６０個　　**(い)**　９０g
D　**(あ)** ７０個　　**(い)** １３０g

（２）　あなたが（１）で選んだ組み合わせで実験を行うと、なぜ、なるべく紙がはがれにくくなるのりを作るために加える水の重さを調べることができるのですか。３回めの**実験４**の結果と関連付けて、理由を説明しなさい。